Michael Waeber
Hans Steinbichler

Oberwallis

Zermatt – Saas-Fee – Lötschental – Simplon – Goms

51 ausgewählte Wanderungen

BERGVERLAG ROTHER GMBH • MÜNCHEN

Abruzzen
Achensee
Algarve
Allgäu 1, 2, 3, 4
Allgäuer Alpen -
    Höhenwege und
    Klettersteige
Altmühltal
Andalusien Süd
Annapurna Treks

Antholz - Gsies
Aostatal
Appenzeller Land
Ardennen
Arlberg - Paznaun
Arnoweg
Außerfern
Australien
Auvergne
Azoren
Bayerischer Wald
Berchtesgaden
Bergisches Land
Berlin
Bern
Berner Oberland Ost
Berner Oberland West
Bodensee Nord, Süd
Bodensee-Rätikon
Böhmerwald
Bolivien
Bozen
Brandnertal
Bregenzerwald
Bremen - Oldenburg
Brenta
Bretagne
Bulgarien
Burgund
Cevennen
Chiemgau
Chiemsee
Chur
Cilento
Cinque Terre
Comer See
Cornwall-Devon

Costa Blanca
Costa Brava
Costa Daurada
Costa del Azahar
Côte d'Azur
Dachstein-Tauern
Dachstein-Tauern West
Dänemark-Jütland
Dauphiné Ost, West
Davos
Dolomiten 1, 2, 3,
    4, 5, 6
Dolomiten-Höhenwege
    1-3
Dolomiten-Höhenwege
    4-7
Dolomiten-Höhenwege
    8-10
Donausteig
E5 Konstanz - Verona
Ecuador
Eifel
Eifelsteig
Eisenwurzen
Elba
Elbsandstein
Elsass
Ober-, Unterengadin
Erzgebirge
Fichtelgebirge
Fränkische Schweiz
Friaul-Julisch Venetien
Fuerteventura
Gardaseeberge
Garhwal-Zanskar-
    Ladakh
Gasteinertal

Genfer See
Gesäuse
Glarnerland
Glockner-Region
Goldsteig
La Gomera
Gran Canaria
Grazer Hausberge
Gruyère-Diablerets
GTA

Hamburg
Harz
Hawaii
El Hierro
Hochkönig
Hochschwab
Hohenlohe
Hunsrück
Ibiza
Innsbruck
Irland
Isarwinkel
Island
Istrien
Italienische Riviera
Jakobsweg - Camino
    del Norte

Französischer
    Jakobsweg Le
    Puy-Pyrenäen,
    Straßburg-Le Puy
Jakobswege Schweiz
Spanischer Jakobsweg
Südwestdeutsche
    Jakobsweg
Jugendherbergen
    Rheinland-Pfalz
    und Saarland
Julische Alpen
Jura, Französischer
Jura, Schweizer
Kalabrien
Kaiser
Kapverden
Karnischer Höhenweg
Kärnten
Karwendel
Kaunertal
Kitzbüheler Alpen
Klettersteige Bayern -
    Vorarlberg - Tirol -
    Salzburg
Klettersteige
    Dolomiten -
    Brenta - Gardasee
Klettersteige
    Julische Alpen

Klettersteige Schweiz
Klettersteige
    Westalpen
Korfu
Korsika
Korsika - GR 20
Kraichgau
Kreta Ost, West
Kurhessen
Lago Maggiore
Languedoc-Roussillon
Lanzarote
Lappland
Lesbos-Chios
Lungau
Luxemburg-Saarland
Madeira
Mallorca
Marken-Adriaküste
Mecklenburgische
    Seenplatte
Meran
Montafon
Mont Blanc
Montenegro
Mühlviertel
München
München - Venedig
Münsterland
Golf von Neapel
Neuseeland
Neusiedler See
Niederlande
Niederrhein
Nockberge
Norische Region
Normandie
Norwegen Süd
Oberlausitz
Oberpfälzer Wald
Odenwald
Ossola-Täler
Ostfriesland

Ost-Steiermark
Osttirol Nord, Süd
Ötscher
Ötztal

La Palma
Patagonien
Pfälzer Weitwander-
    wege
Pfälzerwald
Picos de Europa

Piemont Nord, Süd
Pinzgau
Pitztal
Provence
Pyrenäen 1, 2, 3, 4
La Réunion
Rheinhessen
Rheinsteig
Rhodos
Rhön
Riesengebirge
Rom-Latium
Rügen
Ruhrgebiet
Salzburg
Salzkammergut Ost
Salzkammergut West
Samos
Sardinien
Sauerland
Savoyen
Schottland
Schwabenkinder-Wege
    Oberschwaben
Schwäbische Alb Ost
Schwäbische Alb West
Schwarzwald Fernwan-
    derwege
Schwarzwald Nord
Schwarzwald Süd
Schweden Süd und
    Mitte
Seealpen
Seefeld
Sierra de Gredos
Sierra de Guadarrama
Sizilien
Spessart
Steigerwald
Steirisches Weinland
Sterzing

Stubai
Stuttgart
Südafrika West
Surselva
Tannheimer Tal
Tasmanien
Hohe Tatra
Niedere Tatra
Tauern-Höhenweg
Hohe Tauern Nord
Tauferer Ahrntal
Taunus
Tegernsee
Teneriffa
Tessin
Teutoburger Wald
Thüringer Wald
Toskana Nord
Toskana Süd
Türkische Riviera
Überetsch
Umbrien
Ungarn West
Vanoise
Veltlin
Via de la Plata
Vierwaldstätter See

Vinschgau
Vogesen
Vogesen-Durchquerung
Wachau
Waldviertel
Oberwallis
Unterwallis
Weinviertel
Welterbesteig Wachau
Weserbergland
Westerwald
Westerwald-Steig
Wien
Wiener Hausberge
Zillertal
Zirbitzkogel-
    Grebenzen
Zugspitze
Zürichsee
Zypern

Vorwort

Es gibt nicht viele Worte, die einen Bergsteiger im Handumdrehen in eine andere Welt versetzen können. »Wallis« ist ein solches. Das gilt für jene, die das Matterhorn noch nie gesehen haben, wie für die, die dem Zauber dieser Landschaft seit Jahrzehnten verfallen sind. Das Bild dieses Landes ist groß, reich an Facetten von Natur, Kultur und der hier lebenden Menschen. Die Walliser und Walliserinnen haben dieses schwierige, gefährliche und doch so einzigartige Land über Jahrhunderte gestaltet und geprägt, haben den Naturgewalten die Lebensgrundlagen abgerungen.

Zwischen den Gestaden des Genfersees (372 m) und den von Gletschereis umfassten Gipfeln der Monte-Rosa-Gruppe (4634 m) findet der Bergsteiger mehr, als seine Vorstellung ihm öffnen kann. Auf kleinem, gut überschaubarem Raum steigern sich die Eindrücke von den Bereichen der Felder, Gärten und Weinberge empor in die Waldgürtel, zu den Alpen, Felslandschaften, Gletschern und schneebedeckten Gipfeln. Es ist gut möglich, am Morgen am Lac Leman zu frühstücken, das Mittagessen in Zermatt im Angesicht des Matterhorn zu genießen und am Nachmittag auf dem Gornergrat (3135 m) vor der überwältigenden Kulisse der Viertausender Kaffee zu trinken. In einer Tagesreise aus dem mediterranen Bereich in arktische Regionen mit öffentlichen Verkehrsmitteln – wo in Europa oder weltweit ist dies möglich? Aber wir wollen ja zu Fuß unterwegs sein, dieses Sonnenland wandernd erleben. Die uralten Pfade gehen, empor zu den Alpen und Sichtpunkten oder den kühn gebauten Wasserleiten entlang, durch Schluchten, in denen das Wasser tost, bis an den Rand der Gletscher. Jeder der beschriebenen Wege lässt sich auch mit Kulturerlebnissen verbinden, mit dem Besuch von Kirchen, Kapellen, Museen, Bergbahnen, Weinbergen, Kellereien mit Degustation, Käsereien …

In unseren Wanderführern »Oberwallis« und »Unterwallis« beschreiben wir 51 bzw. 50 Wanderwege zu beiden Seiten des Rotten (Rhône) mit dessen Seitentälern. Die Grenzen des Gebietes sind nicht die geografischen, sondern die des politischen Kantons Wallis, dementsprechend bildet auch die Sprachgrenze Deutsch/Französisch die Trennung der zwei Wanderführer. Die Touren verlaufen auf gut erkennbaren, oft markierten Wegen. Besondere alpine Erfahrung oder spezielles Training sind für die 51 Routen nicht erforderlich, doch sollten Trittsicherheit und Schwindelfreiheit für das Begehen ausgesetzter Stellen vorhanden sein. Einige Wege eignen sich gut für kleinere, viele auch für größere Kinder. Wir haben jeweils darauf hingewiesen.

Unterstützt wurden wir von Wallis Tourismus, von Verkehrsämtern, von »Valrando«, von »Postauto Region Wallis« und der SBB. Dafür herzlichen Dank. Den Benutzern der Wanderführer wünschen wir sonnige und erlebnisreiche Tage im Wallis.

Rottau, Hittenkirchen, Februar 2013   Michael Waeber, Hans Steinbichler

Inhaltsverzeichnis

Touristische Hinweise

Zum Gebrauch des Wanderführers

Unsere Wandervorschläge sind im Allgemeinen von Ost nach West, also vom Goms westwärts bis zur Sprachgrenze an der Raspille geordnet. Die Unternehmungen in den Seitentälern stehen dabei an den entsprechenden Stellen; Ausnahmen hiervon gibt es nur, wenn sonst nahe beieinanderliegende Wege zu weit auseinandergerissen würden. Bei Ortsbezeichnungen wird meist die schweizerische Schreibweise verwendet. Touristische und kulturelle Informationen über die Talorte sind in den folgenden Kapiteln zusammengefasst. Im »Schlechtwetter-Kapitel« findet sich eine Zusammenstellung alternativer Unternehmungen für »Regen- und Ruhetage«.

Jeder Tourenvorschlag beginnt mit einer kurzen Charakterisierung der Wanderung. Der Beschreibung des Wegverlaufs sind die wichtigsten Informationen vorangestellt, mit dabei auch die Erreichbarkeit der Ausgangsorte mit öffentlichen Verkehrsmitteln (die Schweiz nimmt hier eine Vorbildfunktion ein). Die Wanderkarte und das Höhenprofil erleichtern die Übersicht, Fotos vermitteln einen Eindruck der Region. Mit Hilfe der Übersichtskarte auf den Seiten 6/7 können die verschiedenen Wanderungen rasch lokalisiert werden.

Schwierigkeiten

Alle im Wanderführer beschriebenen Wege sind gehtechnisch unschwierig und können mit entsprechender Bergwander-Ausrüstung (feste Schuhe und passende Bekleidung) oft bis in den Spätherbst begangen werden. Dies sollte nicht darüber hinwegtäuschen, dass manche Stellen Trittsicherheit und Schwindelfreiheit verlangen. Um die Anforderungen besser einschätzen zu können, wurden die Tourenvorschläge mit verschiedenen Farben markiert:

Symbole

🚌	mit Bahn/Bus erreichbar	🚡	Seilbahn
✕	Einkehrmöglichkeit unterwegs		Fahrt mit Standseilbahn
👫	für Kinder geeignet		Fahrt mit Seilbahn / Sessellift
⛪	Ort mit Einkehrmöglichkeit	†	Gipfel
	Einkehrmöglichkeit, Café	)( )(	Pass, Sattel / Brücke
	Schutzhaus, Unterstand		Kirche, Kapelle / Abzweigung
P	eingerichteter Parkplatz	⌐	Abzweigung
	Bahnanschluss	⋀	Campingplatz
	Busanschluss		Aussichtsplatz

An einem schönen Herbsttag unterwegs zur Anenhütte (Tour 45).

Leicht Der Weg ist gut und lückenlos markiert, ausreichend breit und nur mäßig steil, daher auch bei weniger gutem Wetter relativ gefahrlos zu begehen. Diese Wege können auch von Kindern und älteren Menschen ohne besondere Gefahr begangen werden.

Mittel Diese Steige sind ausreichend markiert, überwiegend aber schmal und über kurze Abschnitte etwas ausgesetzt. Kürzere Wegstrecken können auch mit Drahtseilen gesichert sein und sollten nur von trittsicheren, mit entsprechender Ausrüstung ausgestatteten Bergwanderern begangen werden.

Schwierig Diese Steige sind ebenfalls ausreichend markiert, meist aber schmal und über weite Abschnitte steil angelegt. Stellenweise können sie sehr ausgesetzt sein, manchmal wird die Zuhilfenahme der Hände notwendig. Dies bedeutet, dass diese Wege nur von absolut trittsicheren, konditionsstarken und alpin erfahrenen Wanderern angegangen werden sollten.

Gefahren

Fast alle Touren folgen guten und markierten Wegen. Bei besonderer Ausgesetztheit oder anspruchsvoller Wegführung wird im Text darauf hingewiesen. Einige Routen führen über die 3000-Meter-Marke hinaus; hier muss natürlich auch im Sommer mit Schnee und Eis gerechnet werden. Bei zweifelhaften Verhältnissen ist es am besten, sich im Tal (z.B. in Verkehrs- und Bergführerbüros) zu erkundigen – oder man erwandert die Region zuerst von etwas tiefer liegenden Wegen aus.

Die eindrucksvolle Pyramide des Weisshorn, vom Europaweg aus gesehen (Tour 32).

Ausrüstung

Wichtig ist festes und gut passendes Schuhwerk mit griffiger Sohle; Trekking-stiefel haben sich bewährt. Lange, bequeme Hose, Regen-, Wind- und Kälte-schutz, bei hoch gelegenen Routen auch im Sommer Handschuhe und Mütze (selbst wenn es im Tal hochsommerlich heiß ist). Für den Herbst, wenn die Tage kürzer werden, empfiehlt sich eine Stirnlampe. Natürlich sollte ausrei-chend zu trinken dabei sein sowie genügend zu essen.

Karten

Viele der Wanderungen können mit den Kartenausschnitten dieses Buches unternommen werden. Es empfiehlt sich jedoch die Anschaffung der hervor-ragenden Blätter der Landeskarte der Schweiz oder der daraus zusammenge-stellten Sonderblätter der regionalen Verkehrsverbände im Maßstab 1:25.000, auch als digitale Karte zu erhalten (siehe Info-Kasten auf S. 14): Diese Kunst-werke an Übersichtlichkeit und Detailgenauigkeit sind das beste Hilfsmittel für alle Wanderungen. Erhältlich sind sie vor Ort in Buchhandlungen, Kiosken, Bahnhöfen und in den Verkehrsämtern.

Gehzeiten

Zeitangaben sind grundsätzlich problematisch; hier sind durchschnittliche Wanderzeiten angeführt, wie sie ohne größeres »Training« normal benötigt werden, ohne Rasten oder Fotopausen! Sie sollen nur Planungshilfe sein. Wer bei guten Verhältnissen länger unterwegs ist, hat vermutlich viel mehr von diesen Touren; lediglich das Wetter, die Fahrpläne von Bus und Bahn oder die einbrechende Dunkelheit sollten den Zeitplan festlegen, bestimmt keine neuen »Wanderzeit-Rekorde«!

Einkehrmöglichkeiten

Angegeben sind am Weg liegende Restaurants oder Schutzhütten, die im Sommer geöffnet sind. Wo vorhanden, sind auch Nächtigungsmöglichkeiten notiert, im Frühsommer oder Herbst sollte man sicherheitshalber im Tal nach der Bewirtschaftung fragen. Die Restaurants oder Kioske an den Bergbahnstationen haben üblicherweise während der Bahnbetriebszeiten geöffnet.

Top-Touren im Oberwallis

Sidelhorn

Kurzweiliger Anstieg zu einer prächtigen Aussichtsloge hoch über Oberaarsee, Grimselsee und Lauteraargletscher (Tour 1, 3.15 Std.).

Aletschwald

Auf bequemen Wegen unterwegs im Märchenwald oberhalb des Aletschgletschers, dem größten Gletscher der Alpen, (Tour 12, 3.15 Std.).

Folluhorn

Interessanter Anstieg zu einem großartigen Aussichtsgipfel hoch über Brig (Tour 16, 4.30 Std.).

Baltschiedertal

Wenig anstrengende Wanderung entlang spektakulärer Wasserleitungen durch wilde Felsflanken (Tour 21, 4.00 Std.).

Gsponer Höhenweg

Auf historischen Spuren hoch über dem Saastal mit prächtigen Ausblicken auf die Mischabelberge nach Saas-Grund (Tour 25, 5.00 Std.).

Tufteren Höhenweg

Die vielleicht schönste Annäherung an das berühmte Matterhorn-Dorf Zermatt (Tour 32, 4.15 Std.).

Höhbalmen

Großartiger Panorama-Höhenweg gegenüber der Matterhorn-Nordwand (Tour 35, 7.15 Std.).

Moosalp – Jungen

Abwechslungsreich aus dem herrlichen Alpgebiet der Moosalp entlang alter Wasserleitungen ins Augstbordtal und absteigend zur kleinen Siedlung Jungen über St. Niklaus (Tour 39, 4.50 Std.).

Lötschentaler Höhenweg

Zu Recht gerühmte Wanderung im hinteren Lötschental zum malerisch gelegenen Schwarzsee mit beeindruckenden Bietschhorn-Blicken (Tour 44, 3.30 Std.).

Gemmipass

Auf atemberaubend angelegtem Wanderweg durch die Gemmiwand von Leukerbad zum Gemmipass (Tour 49, 5.00 Std.).

Aufstiegshilfen

Seilbahnen, Lifte und Taxibusse wurden in die Routen, wo sinnvoll, integriert. Manche Linien sind nur im Sommer in Betrieb (im »Fahrplan des Wallis« sind alle Bahnen und Buslinien aufgeführt, erhältlich in den Verkehrsbüros und an Fahrkartenschaltern der Bahnen und Busse); wenn diese Bahnen im Herbst den Betrieb einstellen, werden die Wanderungen zwar länger, aber auch viel ruhiger!

Anreise

Das Wallis ist für Besucher aus Deutschland oder Österreich verhältnismäßig weit entfernt, Wochenendtrips scheiden daher in aller Regel aus. Nach Brig, dem Oberwalliser Hauptort, gelangt der mit dem Auto Anreisende über die Pässe Furka (auch Autoverladung), Grimsel, Nufenen und Simplon (ebenso Autoverladung), oder über die Bahnverladung Lötschberg-Tunnel und natürlich über die Autobahnen bzw. auf dem letzten Stück Schnellstraßen vom Genfer See durch das Rhônetal aufwärts.

Wie eine Modelleisenbahn: Luogelkinn-Viadukt bei Hohtenn.

Der Bietschtalviadukt, eine filigrane Stahl-konstruktion (Tour 22).

In Brig und Visp halten und fahren die Züge nach allen Himmelsrichtungen, darunter auch viele internationale Zugläufe. Das Wallis ist also hervorragend mit der Bahn erreichbar, mit durchgehenden Zügen auch aus Deutschland; mit dem neuen Lötschberg-Basistunnel ist es fast eine Stunde näher an die Nordschweiz gerückt! Dazu kommen Traumrouten wie der Glacier Express St. Moritz / Chur – Zermatt oder die alte Bergstrecke über den Lötschberg, damit ist die Anreise bereits Urlaub. Außerdem sind nahezu alle hier beschriebenen Wanderungen mit Bussen oder Zügen zu erreichen; daher sollte jeder ernsthaft darüber nachdenken, ob nicht auch einmal ein autofreier Urlaub in Frage kommen könnte. Die zugegebenermaßen hohen Fahrpreise für Einzelbillets können mit den zahlreichen Spezialangeboten der Bahngesellschaften viel preisgünstiger werden. Beim Vergleich mit dem eigenen Pkw sollte auch berücksichtigt werden, dass man neben der Autobahn-Vignette und eventuellen Maut- oder Verladegebühren nun fast überall auch für das Parken kräftig zu zahlen hat. Ganz zu schweigen von der meist wegen starkem Verkehr überaus anstrengenden Anfahrt; nicht jeder ist dann am nächsten Tag sofort zu großen Touren in der Lage. Übrigens werden von den meisten Gästen im Winter diskussionslos viel höhere Preise für Skipässe gezahlt, im Sommer dann aber wegen scheinbarer Ersparnis von nur wenigen »Fränkli« die öffentlichen Verkehrsmittel geschmäht.

GPS-Tracks

Zu diesem Wanderführer stehen auf der Internetseite des Bergverlag Rother (www.rother.de) GPS-Daten zum kostenlosen Download bereit. Für den Download benötigen Sie das folgende Passwort: wfOWall06hc8w9 (Benutzername: gast).

Grundlage für die GPS-Daten ist die Landeskarte der Schweiz. Verlag und Autoren haben die Tracks und Wegpunkte nach bestem Wissen und Gewissen überprüft. Dennoch können wir Fehler oder Abweichungen nicht ausschließen, außerdem können sich die Gegebenheiten vor Ort zwischenzeitlich verändert haben. GPS-Daten sind zwar eine hervorragende Planungs- und Navigationshilfe, erfordern aber nach wie vor sorgfältige Vorbereitung, eigene Orientierungsfähigkeit sowie Sachverstand in der Beurteilung der jeweiligen (Gelände-)Situation. Man sollte sich für die Orientierung auch niemals ausschließlich auf GPS-Gerät und -Daten verlassen.

Wichtige Telefonnummern und Adressen

Verkehrsverbände

Schweiz Tourismus, Tel. 00800/10020030 (aus Europa), www.myswitzerland.com
Wallis Tourismus, Rue Pré-Fleuri 6, CH-1951 Sion, Tel. 027/3273570, www.wallis.ch
Valrando Walliser Wanderwege, Rue Pré-Fleuri 6, CH-1951 Sion, Tel. 027/3273580, www.valrando.ch

Alpine Wetterberichte

MeteoSchweiz, Tel. 0900/552138 (nur aus der Schweiz), www.meteoschweiz.ch
Telefonansage Schweiz, Tel. 162 (nur aus der Schweiz)
Deutscher Wetterdienst, Tel. 0900/11160-17 (nur von Deutschland aus), www.dwd.de
www.wetter.ch
www.nzz.ch/wetter/wetterbericht.html
www.wetteronline.de

Notruf

112 (Europäische Notrufnummer)
113 (Italien)
1414 (Bergrettung Schweiz)
118 (Bergrettung Italien)

Öffentliche Verkehrsmittel

Schweizer Bundesbahnen (SBB), www.sbb.ch
Bern-Lötschberg-Simplon-Bahn (BLS), www.bls.ch
Matterhorn-Gotthard-Bahn (MGB), www.mgbahn.ch
Postbus, www.postbus.ch

Landeskarte der Schweiz online

www.swisstopo.admin.ch (Jahresabo, ganze Schweiz und angrenzende Länder, alle Maßstäbe, viele nützliche Funktionen)
www.geo.admin.ch (kostenlos, eingeschränkte Funktionen)

Talorte

In den allermeisten Orten des Wallis findet man eine große Auswahl an Unterkunftsmöglichkeiten aller Kategorien, sei es in Hotels, in Frühstückspensionen oder Ferienwohnungen. Natürlich empfiehlt sich im Hochsommer wie überall eine rechtzeitige Vorbestellung, im Frühsommer und Herbst sind dagegen, wie anderswo auch, genügend Zimmer frei.

Die meisten Orte pflegen mittlerweile einen sehr informativen Internet-Auftritt, oft kann man dort auch online die gewünschten Zimmer buchen und kann sich gleich einen besseren Eindruck der Quartiere verschaffen. Die beste Übersicht bietet die Website des Wallis Tourismus (s.o.) an, die alle Orte aufführt und über aktuelle Links zu den Seiten der gewünschten Gemeinde führt.

Anders als bei einem Ski-Urlaub bietet sich es für Wanderer eher an, auch benachbarte Regionen für einen Ausflug aufzusuchen – der vorbildlich aufgestellte öffentliche Verkehr in der Schweiz macht das auch besonders einfach. Damit ist es für Gäste ohne eigenes Fahrzeug möglich, nicht nur in einem der bekannten (und damit auch oft etwas teureren) Touristenzentren sein Quartier zu suchen, sondern auch hin und wieder in einem der kleineren Orte in der Nachbarschaft seinen Urlaub zu verbringen.

Leuk, ein bedeutender Ort mit historischem Zentrum am Beginn des Dala-Tales, das sich nach Leukerbad hinaufzieht.

Natur- und Umweltschutz

Es soll an dieser Stelle nicht versäumt werden, auf schonenden Umgang mit der Natur hinzuweisen: Diese großartige Landschaft, teilweise noch in einem Zustand wie vor tausend Jahren, aber auch durch viele Jahrhunderte vom Menschen geprägt, ist es schließlich, die der Urlauber sucht und auch in Zukunft finden will. Man sollte also besonders im Urlaub auf all das verzichten, was eine Belastung der Umwelt, übermäßigen Verbrauch von Energie sowie Störung von Kultur und Bewohnern zur Folge hat. Das Wandern bietet von allen Urlaubsbetätigungen sicher den intensivsten Kontakt zur Natur, ist aber selbst im Zeitalter des Massentourismus geeignet, ohne übermäßige Belastungen für die Umwelt dem Menschen das zu zeigen, was es zu bewahren gilt.

Leider wird der Wanderer auch im Wallis mit dem in allen Alpenteilen praktizierten Ausverkauf der Landschaft konfrontiert: Ganz besonders ist hier der Pistenskilauf zu nennen, für den ganze Talschaften durch Verdrahtung und großflächige Erdbewegungen geopfert wurden. Ehemals harmonisch gewachsene Dörfer und Alpsiedlungen haben sich zu großstädtischen Hotel- und Appartementhaus-Siedlungen gewandelt, auch 20-stöckige Hochhäuser haben Einzug in den Alpbereich gehalten.

Anzeichen einer sich ändernden Einstellung bei Urlaubsreisen sind aber erfreulicherweise nicht mehr zu übersehen: Immer mehr Menschen zieht es eben aus der lebensfeindlichen Umwelt der Großstädte hinaus in die Natur – doch dort wollen sie dann nicht Gleiches wiederfinden. Schon wird mancherorts begonnen, mit gewaltigem Kapitaleinsatz einige der früheren Sünden wiedergutzumachen, also z.B. unrentable Ski-Stationen »zurückzubauen«. Vielleicht kann der Bergwanderer hier einen weniger naturbelastenden Ausgleich zum Skitourismus bilden und so einen Mittelweg zwischen der völligen Verarmung ganzer Talschaften, die vom Tourismus abgehängt wurden, und einer »Techno-Welt« à la Val d'Isère aufzeigen? Die Tourismus-Verantwortlichen müssen sich darüber im Klaren sein, dass sich die modernen Ansprüche der Wintersportler an eine Region nur sehr schwer mit den Wünschen der anderen Gäste über das Jahr hinweg vereinbaren lassen. Jeder Einzelne

Wetterarve an den Leuker Sonnenbergen.

Prachtexemplar im Herbstkleid: Ahorn bei Oberried (Tour 13).

kann aber auch die Nachfrage nach unzerstörter Landschaft immer wieder ins Bewusstsein der Gastgeber rufen – durch Gespräche, durch Formulierung eigener Wünsche in den Verkehrsämtern und durch rege Diskussion der Umweltproblematik. Vielleicht haben dann auch Sie dazu beigetragen, dass sich die Bewohner eines Ortes bei künftigen Projekten wieder mehr für die Natur (und damit letztendlich ihre eigene Lebensgrundlage) und weniger für das schnelle Geld entscheiden; ein solch erfreuliches Beispiel bietet im Wallis das Binntal.

Tipps für Regen- und Ruhetage

Im Folgenden soll – ohne Anspruch auf Vollständigkeit – ein kleiner Überblick über die wichtigsten Attraktionen im gesamten Wallis gegeben und damit die Auswahl für Unternehmungen ohne »Gipfelziel« etwas erleichtert werden.

- **Thermalbäder** in Mörel / Breiten, Brigerbad, Leukerbad, Saillon les Bains, Val d'Illiez und Lavey les Bains.
- **Wildwasser-Schlauchbootfahrten** (»Wild-River-Rafting«) im Obergoms.
- **Unterirdische Seen und Höhlen** in St-Léonard (Lac Souterrain), Anzère (Rawil) und St-Maurice (Grotte aux Fées).
- **Gletscher-Eisgrotten** am Furkapass (Rhônegletscher) und in Saas-Fee (Feegletscher).
- **Schluchten** bei Brig (Massa), am Simplonpass (Gondo), bei Susten / Agarn (Illgraben und Feschelklamm), im Val d'Anniviers (bei Pontis), bei Sion (Lizerne-Schlucht) und bei Martigny (Gorges du Durnand und Gorges du Trient).

Trotzt allen Wettern seit Hunderten von Jahren: Lärche auf der Moosalp (Tour 39).

Lötschentaler Masken sind weit über das Tal hinaus bekannt.

- **Wasserfälle** bei Réchy und bei Martigny (Pissevache).
- **Gletschergarten** in Zermatt.
- **Erdpyramiden** bei Euseigne und Stalden.
- **Talsperren** von Mattmark, Moiry, Dixence, Mauvoisin und Emosson.
- **Mineraliensammlungen / geologische Ausstellungen** am Grimselpass, in Binn, Kippel (Bleibergbau), Zinal (Kupfermine), Les Haudères und am Col de Montets.
- **Botanische Gärten** in Champex und Bourg St-Pierre sowie am Col des Montets.
- **Alpenzoo** in Les Marécottes.
- **Museen:** In sehr vielen Orten wurden in den vergangenen Jahren mit sehr viel Sachkenntnis und Liebe zum Detail sogenannte Heimatmuseen errichtet – diese sind keine verstaubten Klamottenkisten vergangener Tage, sondern hochinteressante Sammlungen und aufwendig rekonstruierte Arbeitsgeräte, Häuser oder Stadel. In dieser von Extremen geprägten Region, vor allem in den ehemals abgelegenen Seitentälern, wird gewiss Respekt vor den Leistungen früherer Generationen aufkommen. Nur eine kleine Auswahl kann hier genannt werden: Binn, Brig, Kippel, Eggerberg, Saas-Fee, Törbel, Zermatt, Sion, Praz-de-Fort.
- **Alpmuseen** (Schaukäsereien) und Alpführungen in Riederalp / Bettmeralp, Turtmann, Nax, Ovronnaz.
- **Alpine Museen** in Zermatt, Bern und Chamonix.
- **Archäologisches Museum** in Martigny.
- **Naturhistorisches Museum** in Sion.
- **Weinmuseum** in Sierre. Weinkeller-Besichtigung mit Degustation – Weinprobe und Verkauf – in den meisten Weinorten.
- **Automuseum** in Martigny.

In vielen Orten werden darüber hinaus Veranstaltungen (Konzerte, Vorträge, Exkursionen) organisiert, auch Freilicht-Theater und Open-Air-Festivals werden geboten. Dazu gibt es auch allerorten Dorffeste, Umzüge und Prozessionen, Bergführerfeste, Alpaufzüge und Schäferfeste. Zu erwähnen sind auch die Ringkuhkämpfe, unblutige Kuh-Rangeleien mit Volksfestcharakter: Die stärkste Kuh wird Königin – für das Tier mit Achtung ihrer Stall- und Weidegenossinnen, für den Besitzer mit Ansehen und Preisen verbunden.

19

Das Wallis

»Dies Land ist masslos und ist sanft«, so lautet der Titel eines aktuellen Buches, das vom Wallis erzählt – und erzählen kann auch jeder Reisende, der dieses Land besucht. Erzählen von den Eindrücken mediterraner Bereiche am Genfer See und im Rhônetal bis empor zu arktischen Regionen der Viertausender. Wohl nirgends in den Alpen sind die Vegetationsstufen zwischen diesen beiden Polen so nah, so überschaubar, auf so kleinem Raum beieinander, ja übereinander beisammen wie im Wallis. Die politischen Grenzen des Wallis unterscheiden sich von denen der geografisch/geologisch eklatant. Letztere folgen zwei großen Flussläufen und erstrecken sich von der Rhône nach Süden bis an die Ufer der Dora Baltea, also ins italienische Aostatal und östlich weiter bis zum Lago Maggiore. Unsere beiden Führer »Oberwallis« und »Unterwallis« beschreiben jedoch den Schweizer Kanton zu beiden Seiten der Rhône mit all den einmündenden Talschaften, die südlichen Täler der Walliser Alpen in Italien hingegen nicht. Die Wasser des Rotten, wie die Oberwalliser zur Rhône sagen, prägen das Land bis heute. Das sind zunächst gewaltige zweitausend Höhenmeter Gefälle auf 170 Kilometer Flussstrecke von der Quelle, dem eisigen Tor des Rhônegletschers, bis an die Ufer des Genfer Sees bei St-Gingolph. Der Lauf der schweizeri-

Der berühmteste Berg der Alpen von seiner schönsten Seite: das Matterhorn vom Unterrothorn (Tour 32).

Ausblick vom Eggerhorn nach Westen ins Oberwallis (Tour 8).

schen Rhône wird beidseits von den höchsten Alpenkämmen begleitet, die sich nördlich wie südlich weit über die Viertausend-Meter-Grenze erheben. Es sind das die Bergstöcke der Berner Alpen mit dem Finsteraarhorn (4274 m) und die Walliser Alpen mit der Dufourspitze (4634 m) als jeweils höchstem Punkt. Über den Kammverlauf dieser gewaltigen Gebirge verläuft die politische Grenze und berührt als Nachbarn die Kantone Tessin, Uri, Bern und Waadt (Vaud) sowie die Länder Frankreich und Italien. So eingerahmt, so eine wundervolle landschaftliche wie geschichtliche Einheit – das Wallis. Das obere und das untere, das deutsche wie das welsche.

Wallis – Sonnenstube der Schweiz

Die beiden beschriebenen hohen Alpenkämme beschirmen das größte Talsystem der Schweiz nach allen Seiten. 30 Täler mit 61 Gletschern senden ihre Wasser, vielfach die trübe »Gletschermilch«, von Norden wie von Süden zur Rhône. Trotz der auch im Wallis spürbaren Klimaerwärmung decken noch immer mehr Gletscher die Flanken und Täler des Bergkantons als der Genfer See Fläche hat, und das sind 581 Quadratkilometer. Doch die Armut an Niederschlag, der selten ergiebige Regen, die wenigen Schneetage im Trogtal der Rhône sind Garanten für viele zusätzliche Sonnenstunden zu allen Jahreszeiten. Wir können uns an kaum einen Tag im Wallis erinnern, an dem nicht auch die Sonne zu sehen war. Ganz klar sagen das die Regentage im langjährigen Mittel schweizerischer Städte aus: Luzern 140, Zürich 134, Basel 117, Lugano 108, Sitten (Sion) 86 Tage mit Regen. Das heißt, es regnet noch nicht einmal jeden vierten Tag in der Kantonshauptstadt.

Wasser – Wässerwasser

Von Beginn der ersten Siedlungen an waren die Walliser gezwungen, ihre Felder, Wiesen und später besonders die Weinberge zu bewässern. Das geschah in offen liegenden Wasserleitungen, die das »Wässerwasser« oft aus kilometerweit entfernten Bächen heranführten (deutsch »Suonen«, französisch »Bisses«). Die Geschichte dieser künstlichen Bewässerung reicht weit in die römische Zeit, ist also mehr als zweitausend Jahre alt. Schriftliche Zeugnisse walliserischer Wasserbaukunst gibt es aber erst aus dem 12. und 13. Jahrhundert. Die Technik, Wasser in hölzernen »Kanneln« (Kanäle), das heißt in U-förmig ausgeschlagenen Baumstämmen an senkrechten Wänden entlangzuführen, wurde durch römische Soldaten bereits im heutigen Serbien (Eisernes Tor an der Donau) wie in Nordafrika (Algerien, Aurès) angewandt. Ein Nachteil solcher Wasserleitungen im senkrechten Gelände war

Eindrucksvolle Passage der Wasserleitung »Niwärch« durch Fels im Baltschiedertal (Tour 21).

ihr geringes Fassungsvermögen. Vergrößerte sich die zu bewässernde Fläche durch Rodung, wurde das Wasser schnell knapp und es mussten weitere Leitungen unter- oder oberhalb der ersten gebaut werden. Die Gemeinde Mund (Safrandorf) im Oberwallis bezog ihr Wasser aus dem Gredetschtal. Dort führten schließlich neun übereinander liegende Kännel das kostbare Nass heran. Das Baltschiedertal versorgte mit seinem Wasser die Gemeinden Eggerberg (fünf Leitungen) und Ausserberg (drei). Jahrhundertelang bedrohten immer wieder vorstoßende Gletscher die Wasserentnahme, womit alle höher gelegenen Wasserfassungen und damit auch die Leitungen zerstört und durch tiefer gelegte Wasserfuhren ersetzt wurden. Aber das Wasser musste ja nicht nur an Felswänden entlang, sondern auch über steile Hänge durch Wiesen und Wald geführt werden. Es gab zwar schon den Kalkmörtel, doch für »Wasserleiten« ist Kalk nicht geeignet. Was blieb also in einer Zeit, die Beton und Kunststoffe nicht kannte? Die natürliche Verbindung von Rasenziegeln mit Bruchsteinen, das »Tretschbord«. Baumaterial, das sich stets in nächster Nähe befindet, also Rasen und Stein, wird hochkant zu einer Mauer geschichtet und mit viel Wasser benässt. Das Wurzelwerk des Rasens und aller benachbarten Pflanzen, Sträucher wie Bäume, entwickelt sich unter solch idealen Bedingungen rasant, füllt rasch die Hohlräume und umfasst die Steine, sodass ein extrem widerstandsfähiges Geflecht entsteht. Das anhaltend vorüberfließende frische Wasser nährt diese Pflanzen, die wiederum mit verstärktem Wachstum die Verfilzung des Rasens mit den Steinen vorantreiben. Eine wahrhaft »grüne« Technik, die von Gartenbau-Ingenieuren heute wieder angewandt wird. Um 1900, also zu Beginn des motorisierten Zeitalters, waren im Wallis noch 300 Wasserleiten mit einer Gesamtlänge von 2000 Kilometern in Betrieb. Jedes Kännel wurde schließlich oberhalb des jeweiligen Ortes in viele kleinere Kännel geteilt, die »Rüüsa«, um den einzelnen Höfen und ihren Wiesen den Anteilsrechten entsprechend Wasser zuzuleiten. Das konnte natürlich nur zeitweise geschehen, das heißt, das Wässerwasser wurde mit einer Steinplatte nach einem genauen Plan gesperrt oder freigegeben. In der steilen Welt des Wallis waren die Kännel ständig von Lawinen, Muren, Steinschlag und natürlichem Verschleiß bedroht. Friedrich Schiller hat das in seinem Lied von der Glocke in großer Klarheit ausgedrückt: »Doch die Elemente hassen das Gebild der Menschenhand.« Wenn also eine Wasserleite durch ein Naturereignis unterbrochen wurde, meldete dies ein kleines Wasserrad mit Schlaghammer, das bei normalem Betrieb den hölzernen Hammer gegen ein Brett, das »Taktbrett«, schlagen ließ. Verstummte diese immerwährende monotone Melodie, war jedem Dorfbewohner bewusst, dass kein Wasser mehr kam, und es musste sofort nach der Ursache geforscht werden. Über ein Drittel des abgeleiteten Wassers ging ohnehin durch Verdunsten und Versickern verloren und war somit auf seinem oft kilometerlangen Weg für alle wassernahen Pflanzen und alle Tiere nicht selten ein lebenswichtiges »Geschenk«.

Walliser Wein

Wenn von Wein aus den Alpen die Rede ist, denken Weinliebhaber mehr an Südtirol oder an das Aostatal. Wein aus dem Wallis ist außerhalb der Schweiz nur Kennern ein Begriff. Meist wird dann für den Roten der Dôle und für den Weißen der Fendant angeführt. Es werden aber zwischen den Rebbergen von Fully (469 m) und denen des Vispertals (1180 m) zahlreiche alte wie neue Sorten liebevoll gepflegt und entwickelt. Und dies in einem oft unglaublich steilen Gelände, wo der Winzer mehr Bergsteiger als Weinbauer ist. Meistens ist dann der Einsatz von Maschinen, wie er in der Ebene selbstverständlich ist, unmöglich. Dass Wein, für den dieser immense Arbeitsaufwand geleistet werden muss, nicht um drei Franken pro Liter verkauft werden kann, ist wohl einleuchtend. Im Wallis herrschen dem Weinbau sehr strenge Gesetze. In diesem sonnenverwöhnten Land ist es beispielsweise nicht gestattet, Wein in der Ebene des Rhônetals zu pflanzen (die Reben von Zuwiderhandelnden wurden in früheren Jahren vom Helikopter aus auch schon einmal vergiftet). Allein die Arbeit an den Mauern nötigt höchste Bewunderung ab. Weithin sind es Trockenmauern, ohne Kalkmörtel und Beton, von Könnern geschichtet, Jahrhunderte alt. Es gibt Reben, deren Mauern mehr Quadratmeter Fläche aufweisen als der damit gewonnene Ackerboden. Um die Qualität des Walliser Weins zu halten, wurden von Re-

Blick auf die Weinberge über Sion. In der Mitte die Burg, rechts die Valeria.

Die Straße nach Visperterminen führt durch den höchstgelegenen Rebberg Europas (Tour 23).

gierungsseite her strikte Obergrenzen für den Ertrag pro Hektar festgelegt und streng kontrolliert. Der Winzer muss deshalb schon im frühen Sommer wissen, wie viele einzelne Trauben er am Stock weiterwachsen lässt. Eine höchst spekulative Entscheidung wird ihm da abverlangt, denn er kann weder eine positive noch eine negative Voraussage treffen. Wird das Rebjahr gut oder sehr gut, wird der Ertrag höher als erwartet, werten die Kontrolleure den Weinberg wie den Wein ab und reduzieren den Preis.

Die Palette der Walliser Weine ist umfangreich, die Namen der einzelnen Rebsorten nicht allgemein bekannt, obwohl es die eine oder andere Sorte auch in anderen Gebieten gibt. Aus der Chasselas-Traube (auch Gutedel) wird Fendant gekeltert, weitere Weißweine sind Johannisberg (Sylvaner oder walliserisch »Rhin«), Muskat, Arvine und als eine Besonderheit der Heida (Gewürztraminer), eine sehr alte Walliser Sorte, die im Vispertal zu Hause ist. Vom Dôle war schon die Rede, er entsteht durch das gemeinsame Keltern der Rebsorten Pinot Noir (Blauburgunder) und Gamay, die auch einzeln gern getrunken werden.

Der Schwerpunkt des Walliser Weinbaus liegt jedoch im Unterwallis. Erstaunlich aber sind die Oberwalliser Rebberge von Zeneggen und Visperterminen. Letztere gelten als die höchstgelegenen Reben Europas. Erwähnenswerten Oberwalliser Weinbau gibt es um Visp, St. German (757 m) und Leuk. Ab Leuk, Varen, Salgesch und weiter wird dann augenfällig, dass hier Weinbau die Haupterwerbsquelle der Landwirte ist.

*Auf dieser Alp werden täglich die Kühe ge-
molken und Käse hergestellt.*

*Der »Mäusestein« dieses Spychers zwingt
das Dachrohr zu einem Bogen.*

Alp und Käse

Die meisten Touren der beiden Führer Ober- und Unterwallis verlaufen
im Gelände von Alpen (in Deutschland Almen). Alpwirtschaft heißt
Kühe auf die Alp treiben, die zwei-
mal am Tag gemolken werden müssen, deren Milch abtransportiert
wird oder zu Käse verarbeitet werden muss – eine Arbeit, die sich pro
Tag 12 bis 14 Stunden hinzieht. Dafür braucht es erfahrene Sennen,
die ihr Fach verstehen und mit dem
Vieh entsprechend umgehen. Es ist
eine Arbeit mit hoher körperlicher
Anstrengung: Aufstehen vor der
Sonne, Zusammentreiben des
Viehs, anketten, melken, die Tiere
auf eine andere Weide treiben, an-
heizen, die Milch verarbeiten, zentri-
fugieren, buttern, käsen, Bestecke
spülen, vormittags kommen die Rinder müde zurück in den Stall, Tou-
risten kommen ebenfalls, Milch,
Butter und Käse verkaufen, nachmittags die Rinder auf eine andere
Weide führen, Holz machen, Stall
ausmisten, Tiere wieder holen, melken und in die Nacht entlassen, wieder spülen und die Milch verarbeiten. Dazu all die Reparaturen am
Gebäude, am Wasser, an den Wegen und vielfach noch Gras mähen
und heuen für Zeiten, in denen es
schneit (früher hatte jede Alp einen
nahen umzäunten Bereich zum
Heuen, in dem das Gras unbehelligt
wachsen konnte). Ein fast nicht zu
bewältigender Katalog an Arbeiten.
Es ist jedoch erstaunlich, dass sich
heute auf manchen Alpen in den
Sommermonaten Menschen finden,
die einen »normalen« Beruf erlernt

Sonnengebräunte Holzhäuser in Findeln, dahinter das Strahlhorn (Tour 32).

haben, die akademische Bildung besitzen, die für ein paar Monate einmal aussteigen wollen, die sozusagen »überqualifiziert« sind, die einmal zurück zu den Ursprüngen möchten und dieses sicher nicht nur romantische Leben auf sich nehmen.

Wenn die wichtigsten Tätigkeiten erlernt sind, wenn die Arbeit nicht mehr alle Zeit verschlingt, dann hat dieses Leben auf der Alp auch einen unvergleichlichen Zauber: Die Stille des Abends, von Ferne der Klang der Kuhglocken, der Sonnenuntergang mit dem Aufleuchten der weißen Bergspitzen, das klare kalte Bachwasser, die Freundschaft mit den Tieren, das Ergebnis aus eigener Hände Arbeit: die warme Milch, die frische Butter, der junge Käse. Ein Stück Walliser Alpkäse und ein paar Flaschen Wein gehören übrigens in das Gepäck eines jeden Wallis-Reisenden, der heimwärts fährt.

Das westlichste Dorf des Oberwallis, Salgesch, von Weinbergen umgeben.

Wallis – die politische Grenze

Diese für unsere beiden Führer zugrunde gelegte politische Umgrenzung des »Wallis« umfasst 5231 Quadratkilometer und damit ziemlich genau ein Achtel der Fläche der Eidgenossenschaft. Vom Genfer See im Uhrzeigersinn Rhône-aufwärts bis wenig hinter St-Maurice. Nun gerade zum Gipfel der Dent de Morcles – Grand Muveran – Les Diablerets – Wildhorn – Rohrbachstein – Wildstrubel – Spittelmatte – Altels – Balmhorn – Lötschenpass – Hockenhorn – Petersgrat – Mittaghorn – Jungfrau – Mönch – Finsteraarhorn – Oberaarhorn – Oberaarjoch – Aargrat – Sidelhorn – Grimselpass – Tieralplistock – Dammastock – Galenstock – Furkapass – Leckihorn – Pizzo Rotondo – Nufenenpass – Blinnenhorn – Ofenhorn – Albrunpass – Scherbadung – Helsenhorn – Wasenhorn – Monte Leone – Gondoschlucht – Pizzo Straciugo – Portjengrat – Antronapass – Jazzihorn – Punkt 3609 – Weissgrat – Dufourspitze – Seser Joch – Liskamm – Zwillingsjoch – Breithorn – Theoduljoch – Matterhorn – Dent d'Hérens – Tête Blanche – Mont Brulé – Bec d'Epicoune – Mont Gélé – Fenêtre de Durand – Grande Tête de By – Mont Velan – Col du Grand St-Bernard – Grand Golliat – Col Ferret – Mont Dolent – Aiguille d'Argentière – Col de Balme – Lac d'Emosson – Le Cheval Blanc – Mont Ruan – Col de Cou – Tour de Don – Cornettes de Bise – St-Gingolph – Genfer See. Erst der Blick auf eine Karte (hier »Schweiz 1:300.000«, Bundesamt für Landestopographie) zeigt, wie verwinkelt diese Grenze verläuft, da sie nicht Flussläufen folgt, sondern über Grate und Gipfel führt.

Das Oberwallis

Für viele, vor allem für deutsche und österreichische Bergsteiger, umfasst das Wort »Wallis« zumeist nur den oberen Teil des Kantons, eben das deutschsprachige Oberwallis. Hier finden sich auch die Orte, welche die Bergsteiger, die Hochtouristen, die Skifahrer aus aller Welt anziehen, für viele sind sie der Inbegriff des Bergsteigens überhaupt, wenn von Zermatt und Saas-Fee, von den Vispertälern oder dem Lötschental die Rede ist. Dagegen werden die hohen Gipfel um den Fiescher- und Aletschgletscher mehr mit Grindelwald im Kanton Bern in Verbindung gebracht denn mit dem Wallis. Aletschhorn, Jungfrau, Mönch, Fiescherhörner, Gross Grünhorn und Finsteraarhorn gelten bei den allermeisten Bergsteigern als »Berner Oberland«.

Das Wallis ist der einzige Schweizer Kanton, den eine klare Trennung in etwa zwei gleiche Teile kennzeichnet: Die Grenze Oberwallis/Unterwallis ist willkürlich gezogen, sie gründet allein auf der Sprache. Das Wallis ist zweisprachig, mit allen sich daraus ergebenden Konsequenzen. Natürlich existiert auch eine geografische Grenze, die allerdings kaum zu erkennen ist. Sie folgt einem von Norden her kommenden kleinen Bach namens Raspille nahe Siders (Sierre) zwischen den Weindörfern Salgesch (deutsch) und Miège (französisch) und wird salopp als »Röstigraben« bezeichnet.

Die kleinteilige karge Landschaft des Goms, über tausend Meter hoch liegend.

Geografische Gliederung

Wer das Wallis über die Bergstrecken, also über die Pässe erreicht, erlebt zum Beispiel von der Furka her einen höchst überraschenden, ja großartigen Wechsel der Kulissen. Schlagartig weitet sich wenig nach der Passhöhe (2431 m) die Sicht nach Westen und Süden sowie über tausend Meter hinab ins Goms, dem oberen Talboden der Rhône. Im Westen stehen die Eisriesen der Berner Alpen mit der dunklen Pyramide des Finsteraarhorn (4274 m). Gegenüber, in den Ostabstürzen des Aargrates, sind die Haarnadelkurven der Grimselstraße zu erkennen, die sich im Boden von Gletsch mit jener des Furkapasses vereinigt. Die erste Tour unseres Führers beginnt auf dem Grimselpass und führt auf das Sidelhorn, einen Gipfel mit umfassender Sicht. Am Parkplatz des Hotels Belvédère ist dann Gelegenheit, die aufgefächerte Pracht zu genießen. Den Tiefblick auf den Boden von Gletsch, in dem vor 150 Jahren noch die Eismassen des Rhônegletschers lagerten. Dieser hat sich nun zurückgezogen, über 500 Höhenmeter empor und kann jetzt direkt vom Hotel aus erreicht, ja in seinem Inneren durch ins Eis gebohrte Tunnels begangen werden.

Aus dem Rhônegletscher rauscht der junge Rotten schäumend in die Tiefe, begleitet die kurvenreiche Straße von Gletsch hinab nach Oberwald in den Talboden des Goms. Hier mündet von Südosten ein enges kurzes Tal ein, das noch vor 25 Jahren als ursprünglichstes Tal des Wallis gelten konnte, was dann ein sinnloser Straßenbau beendete. Dass wir dieses Tal dennoch erwandern, liegt auch an den wilden Gerenwassern, die dort ungehindert zu Tal stürzen. Rottenabwärts, bei Ulrichen, mündet von Südosten ein weiteres Tal ins Goms, das Gälmer. In seinem Boden verläuft die Passstraße zum Nufenen (2478 m). Der Pass trägt die Grenze zum Kanton Tessin. Wenig oberhalb des Passes sammelt der gestaute Griessee die Wasser des gleichnamigen großen Gletschers unter dem Blinnenhorn (3374 m). Tour 3 führt auf das benachbarte Bättelmatthorn (3044 m), einen weiteren bemerkenswerten Aussichtsberg.

Charakteristikum der schnurgerade von Nordosten nach Südwesten verlaufenden Gomser Talschaft sind die zahlreichen beidseits einmündenden kleinen Täler, die an den steilen Sockeln meist bewaldet sind, während oberhalb der Waldgrenze die Alpwirtschaft das weite Wiesengelände nutzt. All die kleinen Orte des oberen Goms mit ihren mehrstöckigen sonnenverbrannten Holzhäusern, mit ihren oft nur zimmergroßen Äckern und Wiesen wurden für viele Wallisreisende zu einem Begriff für das Wallis selbst. Die erste bedeutende Wasserzufuhr erhält der Rotten dann vom Fieschergletscher, dessen Weißwasser aus dem gleichnamigen Tal strömen. Ein großes Einzugsgebiet mächtiger Gletscher nährt den starken Abfluss, der natürlich auch energietechnisch genutzt wird. Die Eismassen zu Füßen der Viertausender Fischerhörner, Gross Grünhorn und Finsteraarhorn nebst dem von Norden einmündenden Galmigletscher halten noch viel gefrorenes Wasser bereit,

Ausblick vom Brudelhorn (Tour 4) über das Goms auf die Berner Alpen. Der höchste Gipfel rechts ist das Finsteraarhorn.

doch ist gerade am Fieschergletscher eindrucksvoll zu beobachten, wie dramatisch sich das Eis zurückzieht. Wenig nach Fiesch, bei Lax, beginnt die Zufahrt in ein verstecktes, kleines, ob seines Mineralienreichtums berühmt gewordenes Tal. Zwischen Ausserbinn und Binn verläuft es schluchtartig (die Straße führt deshalb durch einen langen Tunnel), öffnet sich aber noch vor Binn zu einem freundlichen offenen Hochtal. Das Binntal, ganz sicher das geologisch vielfältigste Tal der Alpen, zieht alljährlich zahlreiche Mineralienfreunde nach Binn und Fäld (1547 m). Viel begangen ist der Übergang von Fäld nach Italien zur Alpe Dévero über den Geisspfadpass (2474 m). Die kleine Gruppe des Scherbadung (3210 m) und seiner benachbarten Gipfel ist aufgrund ihrer schroffen Strukturen den Bergsteigern vorbehalten. Kurz vor Brig-Naters gießt von Norden her die enge, wilde Massaschlucht ihre Wasser in den Rotten, dem damit mehr als das Doppelte seines bisherigen Volumens zufließt. Dahinter oder besser über dieser Schlucht steht die geballte Eismasse des längsten und größten Gletschers der Alpen, des Aletschgletschers. Seine fast 20 Kilometer Länge erstrecken sich von oberhalb der Massaschlucht (etwa 2000 m) bis zum Jungfraujoch (3500 m). Mit dem Grossen Aletschfirn, dem Jungfraufirn, dem Ewigschneefeld und dem Grüneggfirn vereinigen sich am Konkordiaplatz vier große Gletscher zu einem

Hoch über der Massaschlucht zieht die alte Wasserleitung durch die Felsen (Tour 13).

einzigen Eisstrom, zum Grossen Aletschgletscher. Wer je über das weite Eisfeld des Konkordiaplatzes und seine zahllosen Spalten und Wasserrunsen gegangen oder gesprungen ist, wird den Eindruck dieser wahrhaft eiszeitlichen Landschaft nie vergessen. Die Viertausender, die aus dem Eismeer ragen, Aletschhorn, Jungfrau, Mönch, Fiescherhörner und Gross Grünhorn stehen zum Großteil auf Walliser Boden, werden von den Bergsteigern aber nicht dem Wallis zugerechnet. Für sie ist dieses Gebiet das klassische »Berner Oberland«. Die Touren unseres Führers meiden das Eis des Fiescher- und Aletschgletschers, doch sie führen zu herrlichen Blickpunkten auf die kühle Gewalt der Eisströme. Brig, ein hübsches Städtchen mit schon mediterranem Flair, liegt auf dem Schwemmkegel der Saltina, einem Bach, der sein Einzugsgebiet unter dem Simplonpass hat. Dieser Bach wurde bei Starkregen immer wieder zu einer großen Gefahr, so letztmals am 25. September 1993, als ein Unwetter die Stadt verwüstete – ein Ereignis, an das sich in diesem Ausmaß niemand erinnern konnte. Brig ist Ausgangsort für die Simplon-Passstraße, eine Route, die mit ihrer großzügigen Streckenführung leider in den vergangenen Jahren immer mehr vom Lkw-Verkehr nach und von Italien entdeckt wurde. Die Passhöhe liegt auf 2005 Meter. Jenseits des Simplon geht es auf Walliser Gebiet noch über zehn Kilometer und 1100 Meter tiefer bis zur italienischen Grenze. Die Straße führt dort durch die wildschöne Gondoschlucht und wird von der Diveria begleitet. Südwestlich des Passes ragen die Eisriesen der Weissmiesgruppe mit Fletschhorn, Lagginhorn und Weissmies über 2000 Meter empor. Die schroffen, von Gletschern durchzogenen Ostwände sind den Hochtouristen vorbehalten, und auch die sind hier nicht sehr zahlreich, was die Tatsache ausdrückt, dass nur zwei Biwakschachteln als Stützpunkte existieren. Östlich über dem Simplonpass die kleine Leonegruppe mit den vier Gipfeln Wasenhorn, Monte Leone (3554 m), Breithorn und Hübschhorn. Die am Kaltwasserpass stehende Monte-Leone-Hütte des SAC (2848 m) ist Ziel von Tour 17. Eine dreitägige Wanderung mit ständig wechselnder Szenerie und großen Bildern führt auf dem alten Saumweg mit zwei Übernachtungen von Brig nach Gondo (Tour 15). Dieser im 17. Jahrhundert vom bedeutenden Walliser Kaspar Jodok Stockalper ausgebaute Saumweg trägt heute seinen Namen.

Zwischen Brig und Gampel-Steg streichen vom orografisch linken Kamm des Lötschentals vier Täler von Nord nach Süd: Gredetschtal, Baltschiedertal, Bietschtal und Jolital. Alle vier sind zum Wandern ideal geeignet (Touren 21 und 22). Von Lalden nach Hohtenn quert der beliebte und viel begangene Südrampenweg des Lötschberg diese Täler. Durch das Baltschiedertal verläuft der Weg zur gleichnamigen Hütte des Schweizer Alpen-Club (SAC), Ausgangspunkt für die Besteigung des gewaltigen Bietschhorn (3934 m). Visp, ein alter Industrieort mit sehenswerter Altstadt und seit Eröffnung des Lötschberg-Basistunnels das Eisenbahn-Drehkreuz nach vier Himmelsrichtungen, ist der zentrale Verkehrsknotenpunkt im Oberwallis; hier beginnt der letzte Teil der Reise ins Mekka des Bergsteigens, die Auffahrt nach Saas-Fee und Zermatt. Auf den ersten sieben Kilometern des engen Tals drängen sich zwei Straßen, die Matterhorn-Gotthard-Bahn und der Fluss, die Vispa. Erst wenn es bei Stalden steil bergauf geht, trennen sich die Straßen und der

Vom Seehorn zeigt sich der Monte Leone von seiner Südseite (Tour 19).

Fluss wird zur Saaser und zur Matter Vispa. Die Strecke Richtung Saas wartet mit kühner, komplizierter Bautechnik auf und führt mehrmals durch Tunnels. Die steilen Flanken sind nur wenig besiedelt und fallen steil geradewegs in die verblockte Schlucht der Saaser Vispa. Kurz vor Saas-Balen weitet sich das Tal, wird freundlicher, grüner und es öffnet sich der Blick auf die grandiose Szenerie der Viertausender von Mischabel und Weissmies. Saas-Grund, früher Hauptort der Talschaft, ist heute leider oft nur Station der Reisenden in Auto oder Bus zum 250 Meter höher liegenden Saas-Fee (1792 m). In Saas-Grund ist die Talstraße jedoch noch nicht zu Ende, es folgt noch die vierte Saaser Ortschaft, Saas-Almagell. Und auch von dort führt die Straße noch fünf Kilometer weiter, empor zum gewaltigen Schüttdamm des Stausees von Mattmark (2210 m). Sein Bau stand unter einem dunklen Stern: Am 30. August 1965 lösten sich von der Zunge des Allalingletschers hunderttausende Kubikmeter Eis und stürzten auf das direkt darunter errichtete Barackendorf, wobei 88 Menschen, meist italienische Bauarbeiter, den Tod fanden. Der erste Teil des viel genutzten uralten Passweges über den Monte Moro (2868 m) ist zwar im See versunken, doch die Kraftwerksgesellschaft hat den etwa vier Kilometer langen Stausee mit einer Straße umrundet, was einen überraschenden See-Spaziergang im Hochgebirge ermöglicht. Vom Seeende zum Pass mit seiner beispiellosen Sicht in die Monte-Rosa-Ostwand und hinab nach Macugnaga sind noch 700 Höhenmeter zu gehen – auf einem Weg, dessen geschichtete Platten den Erbauern im Mittelalter wohl unendliche Mühen bereitet haben müssen (Tour 27). Ein ganz ungewöhnlicher, ein berühmt gewordener Weg, ein Kapellenweg, führt von Saas-Grund durch eine Felsenlandschaft nach Saas-Fee empor. Carl Zuckmayer hat ihn mit seinem Essay »Die Hohe Stiege« weltbekannt gemacht (Tour 29). Als ungeheure Mauer stehen die bis 2700 Meter über dem Ort aufragenden Viertausender der Mischabel. Eingelagert in diese Abstürze sind jäh zerrissene Gletscher, die weit in die Matten hinabreichen. Diese Mischabel, der gewaltigste Viertausender-Bergkamm der Alpen, beginnt, von Saas-Fee gesehen, im Norden mit dem Nadelhorn, es folgen Lenzspitze, Dom (4545 m), Täschhorn, Alphubel und Allalinhorn. Stützpunkt für die beiden Letztgenannten wie auch für das völlig vergletscherte Strahlhorn und den stolzen Felskamm des Rimpfischhorn ist die große Britanniahütte (3030 m) des SAC. Tour 28 bringt uns mit Unterstützung zweier Seilbahnen zu dieser Unterkunft, ins Reich der Gletscher. Die Ostseite des Saaser Tals wird flankiert von den hohen Bergen der Weissmiesgruppe, mit dem Fletschhorn, dem Lagginhorn und der Weissmies (4017 m). Die Westseiten dieser Gipfel zeigen sich bedeutend zugänglicher als die östlichen. Tour 26 bringt uns auf halber Höhe mit großer Sicht aus dem Almageller Tal unter einem ideal gelegenen Stützpunkt, der Weissmieshütte, vorbei. Von hier starten die Alpinisten ihre Besteigungen der drei genannten hohen Gipfel oder brechen zu den Klettertouren am Jegigrat auf (wo es auch einen hochalpinen Klettersteig gibt).

Der gewaltigste Felskamm der Alpen, die Mischabel, von der Alp Almagell (Tour 26).

Direkt an der Pforte des Vispertals, in Visp beginnend, führen zwei Straßen hoch hinauf zu den Weinorten Visperterminen (ostseitig) und Zeneggen (westseitig). Beide Orte sind Ausgangspunkte zu großartigen Wanderungen mit hinreißender Sicht auf die umgebenden hohen Berge. Der Heida-Reben-weg beginnt in Visp und führt in die sonnenverwöhnten Weinberge (Tour 23). Von Visperterminen höher bringt ein Sessellift nach Giw (1962 m), an den Beginn einer Wanderung, die als Fest des Sehens bezeichnet werden kann. Dazu der geheimnisvolle Name »Gibidum« (Tour 24). In Visperterminen be-ginnt die lange Wanderung des Gsponer Höhenweges an der Ostseite des Saaser Tals bis Saas-Grund. Begangen werden uralte gut angelegte Wege, welche die Alpen früher verbunden haben (wir beschreiben in Tour 25 den Weg ab Gspon). Das gegenüberliegende Dorf Zeneggen verfügt über einen weiteren Trumpf: Die kleine Straße bringt vom Dorf her nochmals 700 Hö-henmeter empor zur Moosalp (2048 m), die in der Saison durch Postbusse mit Weiterfahrt hinab nach Törbel, Embd und Stalden angefahren wird. Von diesem zentralen Punkt sind Wanderungen nach allen Vorstellungen und jeder Kondition möglich. So die halbstündige Strecke zum Stand, einem ge-radezu fantastischen Aussichtsberg, eigentlich nur einem Rücken, der je-

Morgendlicher Ausblick von der Weissmieshütte auf Monte Rosa, Strahlhorn, Liskamm und Rimpfischhorn (Tour 26).

doch eine Sicht in die nähere Umgebung gewährt, die in den Alpen kaum ein Beispiel hat. Oder der brettebene kilometerlange Weg auf der Rohrleitung (nicht sichtbar) des Zenegger Wassers mit ungehinderter Sicht auf Weissmies, Mischabel und Weisshorn. Oder das frei stehende Augstbordhorn (2972 m) mit dem Tiefblick ins Rhônetal und in die Vispertäler. Oder der abwechslungsreiche Höhenweg zur Alpsiedlung Jungen, zu dem von St. Niklaus eine kleine Seilbahn führt (Tour 39).

Nach Stalden, wenn sich die Vispa in die Saaser und die Matter Vispa trennt, erhält der nach Zermatt Reisende ganz rasch tiefe Eindrücke von der steinernen Wildheit dieses engen Tals. Himmelstürmende Granitmauern auf beiden Seiten, ferne hohe Gipfel, der weißschäumende Fluss in der Tiefe, die Straße immer wieder im Tunnel. Die Bahn dagegen begleitet die Vispa und folgt ihren Kurven, bald links, bald rechts des Flusses. Vor St. Niklaus wird das Tal offener, freundlicher. Eine nach Nordosten abzweigende Straße führt fünfhundert Meter hinauf nach Grächen (1615 m), von wo so manche Wanderung möglich ist: zum Beispiel die zum Seetalpass, bei der gleich zwei Seilbahnen eingesetzt werden. Große Schau in die Vispertäler, zum Weisshorn und zur Weissmiesgruppe (Tour 30). Oder der Aufstieg zum Grathorn, auf dem ersten Teilstück des Europaweges (Tour 31), jener neue dreitägige Weg, der die wohl schönste und stilgerechteste Anreise nach Zermatt ist. In den vergangenen drei Jahren war der Europaweg mehrmals wegen Muren und Steinschlag unterbrochen. (Wünschenswert wäre ein weiterer Weg auf der westlichen Talseite, vielleicht von Zeneggen/Moosalp ausgehend, nach Zermatt. Wer die Wände und Schluchten, die dieser Weg queren müsste, auf einer Fahrt nach Zermatt betrachtet, kann sich vorstellen, wie spektakulär eine solche Anlage aussähe und wie rasch dieser »Europaweg II« berühmt würde.) Vom Grathorn führt der Europaweg nochmals 200 Höhenmeter empor, auf 2474 Meter, wendet sich dann südlich und erreicht unter dem Breithorn mit 2671 Metern seinen höchsten Punkt. Bis Zermatt wird er nun all die natürlichen Hindernisse wie Schluchten, Bäche und felsige Passagen, Grate und lockere Schuttkare überwinden – er wurde von Könnern so angelegt, ist aber von Steinschlag, Muren und Lawinen nicht verschont. Überaus abwechslungsreich dann die zweite Etappe von der Europahütte zur Täschalp (2214 m). Der letzte Teil des Europaweges, der »Tufteren Höhenweg« (Tour 32), führt dann von der Täschalp nach Zermatt, bietet herrliche hindernislose Sicht auf die direkt gegenüberliegenden Viertausender Weisshorn, Zinalrothorn und Obergabelhorn. Der gesamte Europaweg ist in unserem Wanderbuch »Wallis« beschrieben. In Tufteren (2215 m) steht der Wanderer hoch über dem weiten Kessel von Zermatt, blickt auf viele Berge und Gletscher und ist gefesselt besonders von einem dieser Riesen, der sich von hier in seiner ganzen unverwechselbaren Schönheit und Gestalt zeigt, dem Matterhorn. Es ist ein besonderer Tag für jeden Bergsteiger, an dem er das Matterhorn erstmals sieht. Ein Bild, das ihm im Foto schon Dutzende Male begegnet und damit vertraut ist und das doch jetzt, in der Wirklichkeit, noch viel großartiger, ja überwältigend aussieht. Seit 1898 führt die Gornergratbahn auf Europas berühmtesten Aussichtspunkt, den Gornergrat (3090 m). Er ist Startpunkt für Tour 33, die uns hinab zum Toteis des zerklüfteten Gornergletschers bringt. Direkt ins Zentrum des internationalen Alpinismus, zur Unterkunft der Matterhorn-Besteiger, zur Hörnlihütte, führt Tour 34. Um den grandiosen Zirkus über und um Zermatt in all seiner Vielfalt und allen seinen Naturwundern kennenzulernen, haben wir einen sechstägigen Rundweg zusammengestellt (Tour 36).

Über dem Mattertal zeigt sich das Weisshorn von seiner Prachtseite (Grathorn, Tour 31).

Die westliche Talseite der Matter Vispa ist steiler und fast noch abweisender als ihr Gegenüber. Ein kunstvoll in die Felsfluchten gelegter Weg von Täsch empor ins Hochtal des Schalibachs führt zu einem Punkt mit dem anrüchigen Namen »Arigscheis«, von dem ein anderer Weg wieder ins Tal führt (Tour 37). Zweitausenddreihundert Meter ragt hier die gewaltige Südostwand des Weisshorn (4505 m) auf, begrenzt durch die Verläufe des Schali- und des Ostgrats. Randa ist Ausgangspunkt für die Besteigung des Weisshorn über diese beiden Grate. Am Beginn des Schaligrats steht auf 3750 Meter ein Biwak des SAC. Für jeden Alpinisten ist eine Besteigung des Weisshorn eine unvergessliche Bergfahrt. Der Weg zur Weisshornhütte des SAC ist lang, trocken und etwas verwickelt – doch voll prächtiger Aussichtskanzeln mit Blick zur jenseits aufragenden Mischabelgruppe wie hinab ins Tal von Zermatt (Tour 38). Randa war auch Schauplatz des gewaltigsten Felsbruchs der Alpen im 20. Jahrhundert. In zwei Schüben stürzten im April und Mai 1991 aus der Flanke unter dem Brunegghorn insgesamt 29 Millionen Kubikmeter Fels zu Tal und verschütteten den Fluss, die Schienen der Bahn und die Straße nach Zermatt. Auch einige Ställe und Stadel wurden zerstört. Wunderbarerweise kam nicht ein Mensch zu Schaden – doch die riesige Halde mit hausgroßen Blöcken macht auch heute noch Eindruck, zaghaft beginnt die Natur mit Sträuchern und Bäumchen auch diese Wüstenei wieder zu besiedeln.

Die Dörfer südlich oberhalb des Rhônetals zwischen Visp und Leuk, also Zeneggen, Bürchen, Unterbäch, Eischoll, Ergisch, Ober- und Unterems, sind hoch über dem Rhônetal mit guten Straßen verbunden und haben sich ein umfangreiches Wanderwegenetz geschaffen. Im Dorf Turtmann im Rhônetal beginnt die Straße ins enge gleichnamige Tal, das genau von Norden nach Süden verläuft und etwa 16 Kilometer lang ist. Tour 41 beschreibt einen Rundweg, den »Adlerpfad«, von Ergisch talein entlang einer alten Wasserleitung. Von Gruben-Meiden, einem nur im Sommer bewohnten Weiler, gibt es einen Übergang ins Val d'Anniviers (Eyfischtal). Dieser Weg über den Meidpass (2790 m) führt jenseits hinab nach St-Luc (Tour 42). Zuletzt weitet sich das Tal ein wenig und im Hintergrund ragt über einer Staumauer ein hoher vergletscherter Berg empor, das Bishorn (4153 m). Über dem See steht die Turtmannhütte des SAC (2519 m), von der neben dem Bishorn auch die hohen Dreitausender Brunegghorn (3836 m) und Barrhörner (3583 m und 3610 m) erstiegen werden. Der fast bis auf Seehöhe hinabreichende Turtmanngletscher und sein Vorfeld bieten fesselnde Bilder von Eis, Steinen und Pionierpflanzen. Das Tal wie auch die herbe, strenge Hochgebirgslandschaft sind ruhig, ja einsam geblieben.

Auf halbem Weg zwischen Visp und Gampel-Steg liegt Raron, das Dorf mit seinen beiden berühmten und so verschiedenen Kirchen. Die eine, die alte von 1517, liegt 65 Meter höher auf dem aus dem Dorf aufragenden Felsen Burg, die andere ist mit 4500 Kubikmeter Aushub in diesen Felsen gesprengt worden, wobei ein ungewöhnlicher, jedoch höchst sakraler Raum entstand.

Im Aufstieg zum Horlini ragt über dem Rhônetal das Weisshorn empor (Tour 50).

Über Gampel-Steg beginnt der V-förmige Einschnitt des unteren Lötschentals nach Norden. Durch diesen engen und lawinenbedrohten Talanfang verlief noch vor wenigen Jahrzehnten der gesamte Autoverkehr der Autoverladung durch den Lötschbergtunnel in Goppenstein und der Talschaft Lötschen. Im Winter sperrten Lawinen das Tal immer wieder ganz vom Straßenverkehr ab. Von 1906 bis 1912 wurde am Bau der Bern-Lötschberg-Simplon-Linie (BLS) gearbeitet. Diese landschaftlich besonders reizvolle Bergstrecke war bis vor Kurzem die wichtigste Eisenbahn-Verbindung des Wallis mit der übrigen Eidgenossenschaft. Durch den Basistunnel der NEAT (Neue Eisenbahn Alpen-Transversale) von Frutigen bis Raron hat sich dies natürlich geändert und die Zentralschweiz ist um eine Stunde näher an das Wallis gerückt! Oberhalb von Goppenstein weitet sich das Tal, biegt nach Nordosten und es folgen stattliche Dörfer wie Ferden, Kippel, Wiler, Blatten. Aus dem Einzugsgebiet des Langgletschers strömt die Lonza, Namengeber des größten Walliser Industrieunternehmens in Visp. Begleitet wird das Tal von zwei hohen vergletscherten Gratverläufen, von denen eine Reihe kleiner Täler abstreicht und die ganz markante Gipfel tragen. Der bedeutendste, das Bietschhorn (3934 m), erhebt sich 2400 Meter über den Talboden und ist der alle anderen überragende Berg – besonders eindrucksvoll für all jene, die den Lötschentaler Höhenweg (Tour 44) gehen. Ganz anders gestalten sich Aussicht, Weg und Anforderungen, wenn die kleine Bietschhornhütte des SAC das Ziel ist (Tour 46). 1100 Höhenmeter im Auf- und Abstieg, inmitten hochalpiner Landschaft, immer im Schatten des Bietschhorn. Der Rundweg zur neuen Anenhütte vom großen Parkplatz an der Fafleralp vereinigt auf überschaubarem Raum fast alle Walliser Naturwunder: da ist der Beginn über die vom Eis geschliffenen Felsen der Gletscherflue, empor zur Guggistafel, der Weiterweg zum entzückenden Guggisee, die Felssturzpassage am Beginn des Jegitals, die Urlandschaft am Tor des Langgletschers, sein fantastisches Vorfeld mit den riesenhaften Blöcken, die im Lauf der Jahrhunderte mit dem Eis des Gletschers hierher gebracht wurden. Die Anenhütte, 1991 erbaut, wurde im März 2007 von einer gewaltigen Lawine völlig zerstört und im gleichen Jahr am selben Platz in ganz anderer, lawinensicherer Bauweise neu errichtet (Tour 45). Die eisgepanzerten Riesen Tschingelhorn, Lauterbrunner Breithorn und Grosshorn auf der Nordseite und Bietschhorn, Lötschentaler Breithorn, Schinhorn und Sattelhorn im Gratverlauf der Südseite sind durchwegs hochalpine Ziele. Über der Lötschenlücke, dem Endpunkt des Tals, steht die Hollandiahütte des SAC (3178 m), auch Stützpunkt für eine Reihe hochalpiner Touren.

Die letzten fünf Wanderungen des Oberwallisführers befassen sich alle mit den hohen Sonnenbergen zwischen Gampel und Varen. Dieser zu Unrecht touristisch wenig bekannte Teil des Oberwallis ragt im unteren Teil oft steil und felsig auf, es folgt ein offener, flacherer Bereich mit den Dörfern Jeizinen, Bratsch, Erschmatt, Feschel, Guttet und Albinen, umgeben von Wiesen, Äckern und reichen Gärten. Möglich wird die überraschende Vielfalt der Feld- und Gartenfrüchte nur durch intensive Bewässerung der dem Walliser Sonne direkt ausgesetzten Flächen. Ein von Norden zwischen Leuk und Varen in die Rhône einmündender starker Bach, die Dala, hat mit ihren wilden Wassern mehrere grandiose Schluchtstrecken geschaffen, von denen die untere auf der Straßenbrücke bei Varen bewundert werden kann. Die Straße endet im mondänen Bäderort Leukerbad, berühmt für seine heißen Schwefelquellen (55 °C). Oberhalb des Ortes ragen hoch die zerklüfteten Felsmauern von Daubenhorn (2941 m), der Plattenhörner, des Rinderhorn (3453 m) und des Balmhorn (3700 m) auf. Von Leukerbad über den Gemmipass (2346 m) verläuft ein berühmter, kühn in die Felsen gebauter Passweg hinüber nach Kandersteg. Heute führt auch eine Seilbahn dort hinauf.

Über der uralten Kulturlandschaft wachsen weithin Kiefern- und Fichtenwälder (Schutzwälder) bis empor auf etwa 1800 Meter, wo sie von vielen frei stehenden alten Lärchen abgelöst werden – oft wahre Charaktergestalten. Im heißen Sommer 2003 brannte wochenlang der größte dieser Wälder oberhalb von Leuk bis nahe der Waldgrenze. Eine Katastrophe, deren Wunde weithin sichtbar ist und die erst in Generationen verwachsen sein wird. Oberhalb der Baumgrenze finden sich großflächige Alpen (Obern, Chermignon), auf denen im Sommer zahlreiche Rinder weiden. Die Sicht von diesen vorgelagerten Wiesenbergen auf die gesamte Kette der Walliser Gipfel zwischen Monte Leone und Grand Combin ist schlicht überwältigend.

Tief unten liegt Leukerbad, dahinter die Gemmiwand, wo der Steig zum Gemmipass hindurchzieht (Tour 49).

1 Sidelhorn, 2764 m

3.15 Std.

Mit geringer Anstrengung zu einem hohen Panoramagipfel

Das Sidelhorn ist ein großartiger Aussichtspunkt über dem obersten Rhônetal, und dazu mit nur mäßigen Aufstiegsmühen vom Grimselpass zu erreichen. Besonders beeindruckt dabei auch der Blick auf die Berner Hochalpen mit den riesigen Gletscherströmen und den Stauseen. Am Grimselpass herrscht an schönen Sommertagen reger Ausflugsverkehr; eine Attraktion ist auch der tiefblaue Totensee auf der Passhöhe. Mineralien- und Kristallstube mit Verkauf. Vom Pass führt eine Kraftwerksstraße nördlich unter dem Sidelhorn vorbei im Wechselverkehr bis zum Oberaarsee (Restaurant).

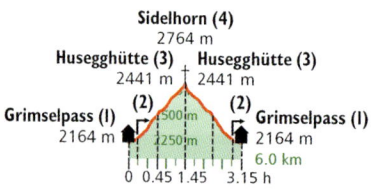

Talort: Gletsch, 1757 m. Busverbindung mit Oberwald (Station der MGB).

Ausgangspunkt: Grimselpass, 2164 m. Beliebter Straßenpass aus dem Berner Land ins Wallis, Wintersperre je nach Witterung von Oktober/November bis Mai/Juni. Landschaftlich besonders beeindruckend ist die nordseitige Auffahrt mit den Yosemite-ähnlichen Plattenwänden aus kompaktem Granit – Sportkletterparadies. Postautoverbindung auf den Pass (ca. viermal täglich). Parkmöglichkeiten an der Passhöhe.

Höhenunterschied: 600 m.

Anforderungen: Leichte Wanderung – bis zum obersten Gipfelaufschwung auf sehr gutem Weg, das letzte Stück markierter Pfad durch ein Blockfeld.

Einkehr: Restaurants an der Passhöhe, Hotel und Matratzenlager, www.grimsel-pass.ch.

Auf der **Passhöhe (1)** zweigt beim großen Parkplatz die Kraftwerksstraße zum Oberaarsee nach Westen ab. Man folgt dieser nur etwa 500 m weit bis kurz vor eine Seilbahnstation für den Kraftwerksbetrieb. Ein **Wegweiser (2)** zeigt den Steig an, der im Zickzack-Kurs zwischen den rundgeschliffenen Granithöckern – einer alpinen Spiel-

Der gesamte Anstieg zum Sidelhorn zeigt sich auf diesem Foto von gegenüber. In der Ferne Finsteraarhorn, Lauteraarhorn und Schreckhorn.

wiese nicht nur für Kinder – auf den Rücken zur **Husegghütte (3)** (geschlossen) führt. Aussichtsreich folgt man weiter dem Gratrücken, der uns in einem leichten Linksbogen an den aus Blockwerk bestehenden Gipfelaufbau bringt. In Kehren erreichen wir auf einem Steig über die kurze, etwas steilere Flanke den höchsten Punkt des **Sidelhorn (4)**. Der Rückweg zum Pass erfolgt auf derselben Route.

Wanderung in ein stilles Seitental

Wie die meisten der Gomser Ortschaften bieten Oberwald und dessen Ortsteil Unterwassern sehenswerte Dorfkerne mit landestypischen Holzhäusern. Das Gerental war lange Zeit ein völlig unberührtes herbes Hochtal. Es brachte dem Besucher Eindrücke wie zu den Pionierzeiten des Alpinismus. Leider wurde auch dieses Tal durch einen Wirtschaftsweg erschlossen; dennoch ist eine Wanderung in diesem Talgrund bis nach Schweif, einem urweltlich anmutenden Flecken Erde am Zusammenfluss wilder Bergbäche mit gewaltigen Schotteraufhäufungen, auch heute noch ein großartiges Erlebnis. Was an warmen Schönwettertagen im Sommer so harmlos aussieht, verwandelt sich bei Starkregen in einen Hexenkessel, die Bäche schwellen zu tosenden Flüssen an und reißen alles mit, was ihnen im Weg ist – die Landschaft ist hier erkennbar in ständiger Veränderung!

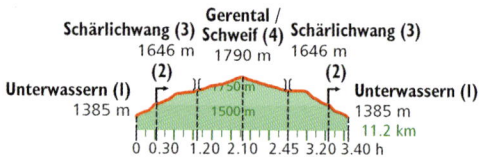

Talort und Ausgangspunkt: Oberwald, 1368 m. Station der MGB. Parkplätze am Lärchenwald, 1385 m, den man von der Hauptstraße abzweigend durch den Dorfteil Unterwassern erreicht, zu Fuß in 20 Minuten vom Bahnhof.

Höhenunterschied: Gut 400 m.

Anforderungen: Leichte Wanderung auf breitem Weg ohne Schwierigkeiten.

Einkehr: Unterwegs keine Möglichkeit.

Im oberen Gerental, hinten der Pizzo Nero.

Vom Parkplatz bei **Unterwassern (1)** über die Goneri und auf schmaler Teerstraße oberhalb der Gonerischlucht hinauf. Nicht empor bis Gere, sondern 300 m vorher an einer **Abzweigung (2)** nach rechts hinunter in den Talboden der Gerenwasser. Über mehrere Kehren im Wald höher und nach Osten weiter ins **Gerental**. Bei **Schärlichwang (3)** über die Brücke und auf schmalem Weg östlich des Baches talein bis Groß Stafel und **Schweif (4)**. Von NO kommt der wunderschöne Saasbach herunter und vereinigt sich hier mit den Gerenwassern. Wir genießen einen großartigen Blick auf die kleinen Gletscher und die das Tal abschließenden zerrissenen Grate. Der **Rückweg** erfolgt auf derselben Route.

Wenig bekannter Dreitausender – ein großes Ziel für Bergerfahrene

Der Griesgletscher reicht seit einigen Jahren selbst bei voll aufgestautem Griessee nicht mehr bis in das Wasser; die Landschaft weist urweltliche Züge auf. Das Bättelmatthorn ist ein vorzüglicher Aussichtsgipfel, der nach Norden den Blick auf die Berner Alpen mit dem markanten Finsteraarhorn und nach Süden auf den Griesgletscher mit dem Blinnenhorn und das obere Valle del Gries mit dem Ofenhorn und dem Sabbione-Stausee ermöglicht. Der Weg führt auf italienisches Gebiet, daher Ausweis nicht vergessen.

Talort: Ulrichen, 1346 m; Station der MGB.
Ausgangspunkt: Nufenenpass-Straße, 2303 m, Abzweigung der Werksstraße zum Griespass, 2479 m. Postautohaltestelle (ca. drei Kurse täglich). An der Werksstraße gute Parkmöglichkeiten.

Höhenunterschied: 850 m.
Anforderungen: Alpine Bergwanderung auf gutem Weg bis zum Griespass, im oberen Abschnitt zum Gipfel steil und teils nur Pfadspuren. Trittsicherheit erforderlich.
Einkehr: Unterwegs keine Möglichkeit.

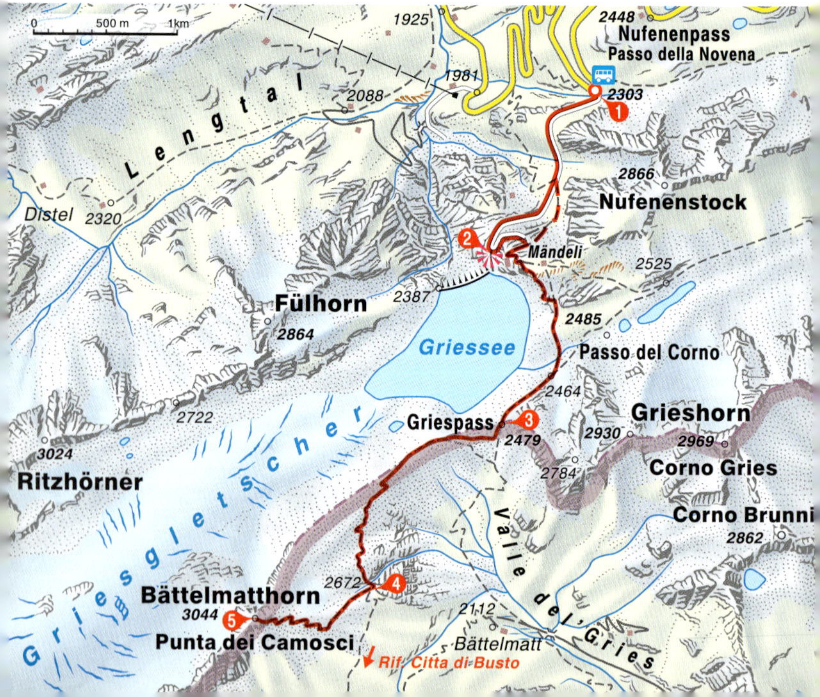

Das vergletscherte Blinnenhorn zeigt sich über dem Griessee.

Von der **Nufenenpass-Straße (1)** geht man auf der Werksstraße nur leicht steigend um einen Rücken herum zur Stocklamme, wo steile Lawinengräben in den Talgrund ziehen. Ein sehr steiler, erdiger Abkürzungspfad führt hier links hinauf nach **Mändeli (2)**, besser bleibt man jedoch am Fahrweg und erreicht diesen schönen Aussichtsplatz oberhalb der Staumauer nach nur wenig längerem Gang. Etwa 100 m hoch über dem Ostufer des Sees quert man nun in kurzem Auf und Ab hinüber zum weiten **Griespass (3)** an der Landesgrenze.

Vom Pass folgt man in westlicher Richtung dem Weg zunächst fast eben, dann zunehmend steiler auf dem hier noch breiten Nordostrücken des Bättelmatthorn, vorbei an Gletscherschliffen und Moränenkämmen. Auf etwa 2600 m quert der Weg dann in die schottergefüllte Ostflanke. Etwa im Scheitelbereich, bevor er sich wieder in Richtung der italienischen Hütten Città di Busto und Mores senkt, zweigt nach rechts eine schwache **Pfadspur (4)** ab, die – bald deutlicher ausgeprägt (das ist dann auch vom Abzweig schon zu erkennen) – schräg aufwärts in die Ostflanke ansteigt und dann an den SO-Rücken hinausquert. An einem kleinen Absatz wird dieser betreten; immer den Spuren links in der Südflanke folgend gelangt man mit vielen Serpentinen zum Gipfel des **Bättelmatthorn (5)**. Der **Abstieg** erfolgt auf demselben Weg.

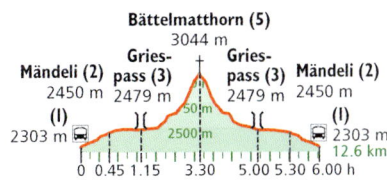

47

Bedeutender Aussichtsgipfel über dem Goms

Die Nufenenpass-Straße ermöglicht einen relativ wenig anstrengenden Anstieg auf diesen vorzüglichen Panoramagipfel hoch über dem obersten Goms mit seinen kleinen Dörfern und gegenüber den Berner Hochalpen. Natürlich beeindruckt von dort die Pyramide des Finsteraarhorn ganz besonders, doch auch seine Nachbarberge sind attraktive Berggestalten. Im Süden beherrscht der etwas vergletscherte Kamm der Ritzhörner bis zur Merezebachschije das Bild. Unser Anstieg führt im Sommer durch eine interessante alpine Flora in dieser einsamen Bergregion, und als besonderes Schauobjekt begeistert der malerische Distelsee im obersten Boden unter dem Gipfel.

Talort: Ulrichen, 1346 m; schöner Ort an der Abzweigung der Straße zum Nufenenpass aus dem Rhônetal, Station der MGB.
Ausgangspunkt: Ladstafel, 1925 m; Haltepunkt der Postautolinie über den Nufenenpass (etwa drei Kurse täglich) an der kleinen Hochebene Mässmatte, bevor die Straße in Kehren zur Passhöhe zieht.
Höhenunterschied: 870 m.
Anforderungen: Bergwanderung auf guten Steigen, Höhenlage und Weglänge erfordern aber entsprechende Ausrüstung und Zeitplanung.
Einkehr: Unterwegs keine Einkehrmöglichkeit.

Vom Haltepunkt **Ladstafel (1)** geht man wenige Schritte zur formschönen alten Steinbrücke über den Ägenebach und steigt drüben schräg den mit lockerem Buschwerk bewachsenen Hang hinauf zum Einschnitt des Lengtales mit der Alp **Lengtalstafel (2)**. Erst im Talgrund, dann leicht am nördlichen Wiesenhang an Höhe gewinnend, gelangt man zur **Vorderdistelalp (3)** auf einem kleinen Absatz – im hinteren Talrund beherrschen Geröllrunsen und Schneefelder das Bild. Über den sonnigen Wiesenhang führt der weitere Weg nach rechts hinauf und in das interessante Hochtälchen von Hinnerdistel mit

Am malerisch gelegenen Distelsee, bald ist der Gipfel des Brudelhorn erreicht.

Wasserrinnsalen von allen Seiten, kleinen Mooren und glattgeschliffenen Felshügeln. Etwas mehr links haltend, also in westlicher Richtung, kommt man bald ans Ufer des traumhaft gelegenen **Distelsees (4)** – dieser Fleck allein könnte schon ein Tagesziel sein! Der Weg zieht sich aber weiter, schräg über den nördlich gelegenen Hang zum schuttbedeckten und breiten Distelgrat und dann in wenigen Minuten zu dem etwas nach Norden abgesetzten **Brudelhorn (5)**.

Bei der **Rückkehr** auf dem Anstiegsweg werden die nachmittäglich veränderten Lichtverhältnisse einen völlig anderen Eindruck von der Landschaft vermitteln.

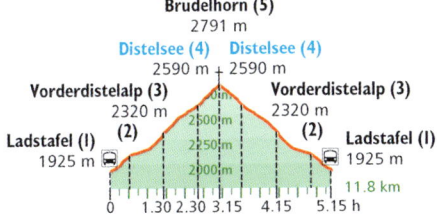

Wanderung in ein stilles Hochtal

Das Blinnental ist ein urtümliches Tal, anfangs gesäumt von Felsflanken, dann von steilsten Wiesenhängen und schließlich von den Schuttwüsten unter der Nordflanke des Blinnenhorn – eine absolut archaische Umgebung! Ausdauernde Bergwanderer könnten auf einem schmalen Steig aus dem hintersten Talschluss steil zum Chummehorn ansteigen (2 Std. und in 2½ – 3 Std. durch das Rappetal nach Mühlebach hinauswandern), eine einsame Unternehmung in einer ganz abgelegenen Region!

Talort und Ausgangspunkt: Reckingen, 1326 m, bedeutender Ort im Goms mit interessanten Ortsteilen. Station der MGB.
Höhenunterschied: 660 m.
Anforderungen: Leichte Wanderung, längere Abschnitte auf breitem Ziehweg.
Einkehr: Unterwegs keine Einkehrmöglichkeit.

33

Fast schnurgerade zieht das Blinnental von Reckingen nach Südosten.

Vom Bahnhof in **Reckingen (1)** geht man über die malerisch gedeckte Holzbrücke und durch die Siedlung Überrotte zum Auslauf des Blinnentals bei **Stadle (2)**. Am Fahrverbotsschild steigt ein Fußweg gerade weiter zur kleinen Kapelle hinauf und trifft wenig oberhalb wieder auf den Fahrweg. Auf diesem wandern wir nun gemächlich ansteigend talein. Ab **Salzgäbi (3)** führt das Tal fast gerade auf den Kessel unter dem Blinnenhorn zu, der Gletscher ist vorerst aber nur zu erahnen. Das letzte Wäldchen steht bei der Hütte **Lärch (4)** – wie der Name besagt, handelt es sich hier fast ausschließlich um Lärchenbestände. Bald ist der Fahrweg zu Ende und ein Steig führt weiter talein in diese merkwürdige Landschaft, ein aufgeschlagenes Geologielehrbuch! Scharf eingeschnittene Seitenbäche wie der **Hostellibach (5)**, hoch emporragende Steilwiesen und chaotisch brüchige Felsflanken bestimmen hier das Bild. Um den Blinnengletscher voll einsehen zu können, müsste man auf seinen unteren Schneefeldern noch ein gutes Stück aufsteigen, aber auch hier unten ist das Umfeld beeindruckend genug. Die **Rückkehr** erfolgt auf dem Anstiegsweg.

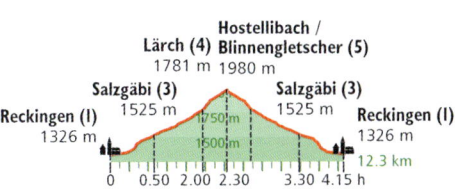

51

Aussichtsreicher Wanderweg hoch über dem oberen Rhônetal

Der Gommer Höhenweg – ein Kunstgebilde der Gemeinden des Goms – begleitet das ganze Tal hoch oben auf dessen sonnigen Südosthängen. Die vollständige Strecke führt von Bellwald bis Oberwald, die Gehzeit beträgt dann 9 bis 10 Std. Wir beschreiben hier das besonders schöne vordere Teilstück bis Reckingen. Auf diesem Höhenweg hat man sehr instruktive Blicke über das gesamte obere Goms. Über die Grenzen hinaus bekannt ist diese Region ja für ihre weitgehend im ursprünglichen Stil erhaltenen Ortschaften – das allein wäre es wert, hier einmal einen längeren Aufenthalt einzuplanen! Auf unserem Weg nutzen wir immer wieder Abschnitte von Fahrwegen – diese waren für das Errichten und den Unterhalt der Lawinenverbauungen über der Waldgrenze gebaut worden, denn die im Sommer so friedlich daliegende Tal-Landschaft wurde im Winter immer wieder von katastrophalen Lawinenabgängen heimgesucht.

Auch heute noch gleicht der Talboden des Goms einem bunten Fleckenteppich.

Talort und Ausgangspunkt: Fürgangen, 1202 m; Dorf oberhalb Fiesch an der MGB (etwa stündliche Fahrten) und an der Straße ins Goms. Parkmöglichkeit am Bahnhof. In Fürgangen steigt man in die Gondel, telefoniert mit der Bergstation, worauf die Kabine in Betrieb gesetzt wird, Kasse oben; Betrieb ca. 6.00 bis 20.00 Uhr.

Höhenunterschied: Im Aufstieg 510 m, im Abstieg 750 m.
Anforderungen: Unschwierige Wanderung, gut markiert.
Einkehr: Berghütte Walibach im Bieligertal und Hänggisch-Hitta im Bächtal (Reckingerbach). Restaurants und Gasthöfe in Bellwald und Reckingen.

Mit der Seilbahn vom Bahnhof **Fürgangen (1)** nach **Bellwald (2)**. Dort folgen wir den Wegschildern östlich um das Dorf herum und an schönen Spychern vorbei bergauf. Oberhalb Wilera dem Wegweiser folgend rechts, ziemlich eben auf Wiesen den Hang entlang, über einen Bach und oberhalb von **Apollonia, (3)**, 1622 m, zum Bach »Schwarzer Brunnen« **(4)** absteigen. Weiter hinunter zur Häusergruppe **Wilerlärch (5)** oberhalb Blitzingen. Links über einen Bach und höher über zwei Serpentinen zum Punkt 1584 m. Wieder rechts durch Wald, über den Hilperschbach, erneut durch Wald leicht steigend in den Einschnitt des **Walibaches (6)** mit der Berghütte und schönem Blick auf Wasenhorn und Vorderes Galmihorn. Jenseits des Baches abwechselnd durch Wald und über Wiesen ziemlich eben in einen Bergrücken herum, dem sofort ein zweiter folgt. Von diesem leitet der Pfad in den Grund des Reckingerbachs. Auf dem unteren Weg leicht abwärts, vorbei an der **Hänggisch-Hitta (7)**, bis rechts ein Steig nach Reckingen abzweigt, der zu den großen Lawinenschutzbauten führt.

Schließlich auf der Straße in wenigen Minuten zum Dorf und zum Bahnhof von **Reckingen (8)**. Mit dem Zug zum Ausgangsort zurück.

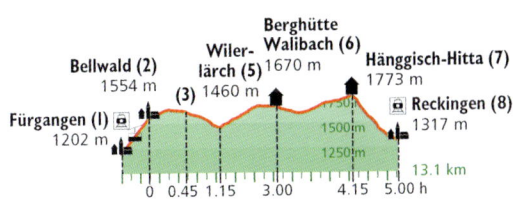

Beschauliche Wanderung von Grengiols in das Binntal

Die Blumenpracht auf den Wiesen oberhalb von Grengiols lädt insbesondere im Frühsommer zu längerem Verweilen – Vergleichbares muss man andernorts schon lange suchen! Der Bergstock des Breithorn, den wir auf dieser Wanderung fast umrunden, weist an seiner Nord- und Ostseite eigenartige, wie mit einem Lineal gezogene kahle Steilgräben auf. Die tief eingeschnittene Binnaschlucht begleitet uns ein gutes Stück auf der zweiten Weghälfte nach Binn.

Talort und Ausgangspunkt: Station Grengiols der MGB, 890 m. Der Ort selbst befindet sich etwa 100 Hm höher, südlich auf der Wiesenterrasse über dem hier tief eingegrabenen Rotten gelegen.
Endpunkt: Binn (Schmidigehyschere), 1400 m; Hauptort im Binntal, Busverbindung mit Fiesch (etwa neun Kurse täglich); von hier mit der MGB nach Grengiols zurück.
Höhenunterschied: 610 m im Aufstieg, ca. 100 m Abstieg.
Anforderungen: Leichte Wanderung auf breiten Wegen.
Einkehr: Restaurants in Grengiols und Binn.

Vom Bahnhof **Grengiols (1)** geht man auf der Fahrstraße ins **Dorf (2)** hinauf. Der Ortskern ist sehenswert: Enge und steile Gassen, wettergegerbte Häuser. Ein Fahrweg führt nun aufwärts über die Wiesen zu dem kleinen Weiler Bächerhyschere (Bächerhäusern); weiter nur mehr leicht ansteigend durch die Wiesen zu zwei Runsen, die kerzengerade vom Gipfel des Breithorn herabziehen. Abwechselnd durch Wald und Wiesen auf ebenem Weg oberhalb von Hockmatta vorbei gelangen wir zur Kapelle **Blatt (3)**.
Hier, über der Biegung der Binnaschlucht, kommt man nun in den Hochwald, der Weg zieht langsam in den Talgrund hinunter, überquert die Binna und leitet jenseits in zwei Kehren zu den Häusern von **Steinmatten (4)** an der Straße nach Binn hinauf. Diese verschwindet hier zum Schutz vor winterlichen Lawinenabgängen in einem gut 1,5 km langen Tunnel; wir benützen

Über Ze Binne blicken wir auf die von tiefen Rinnen durchschnittene Ostflanke des Breithorn.

jedoch die alte Trasse, die am Steilhang entlang über dem immer noch tief eingeschnittenen Talgrund weiterführt. Am Hang gegenüber erkennen wir erneut zwei tief eingeschnittene Runsen, wie mit dem Lineal gezogen. Schließlich am kleinen Stausee entlang und noch an den Häusern von **Ze Binne (5)** vorbei nach **Binn (6)**. Mit dem Bus nach Fiesch und mit der MGB weiter auf ihrer hochinteressanten Strecke (Kehrtunnel an der Steilstufe) nach Grengiols zurück.

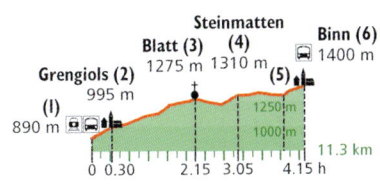

Schaukanzel mit Blick in die Berner und Walliser Alpen

Die Orte Ernen und Binn sind besonders schön gepflegte Walliser Dörfer, die schon für sich allein einen Besuch lohnen. Unser Aufstieg führt durch herrliche Lärchenbestände bis zur Waldgrenze, dann folgt der sehr steile Anstieg zum Gipfel mit weitreichender Rundsicht auf die meisten Viertausender der Berner Alpen, dazu interessante, viel weniger bekannte Blicke auf die Leone-Gruppe im Ostteil der Walliser Alpen.

Ausblick von der Alpe Frid auf Fieschertal, Bellwald und darüber das Finsteraarhorn.

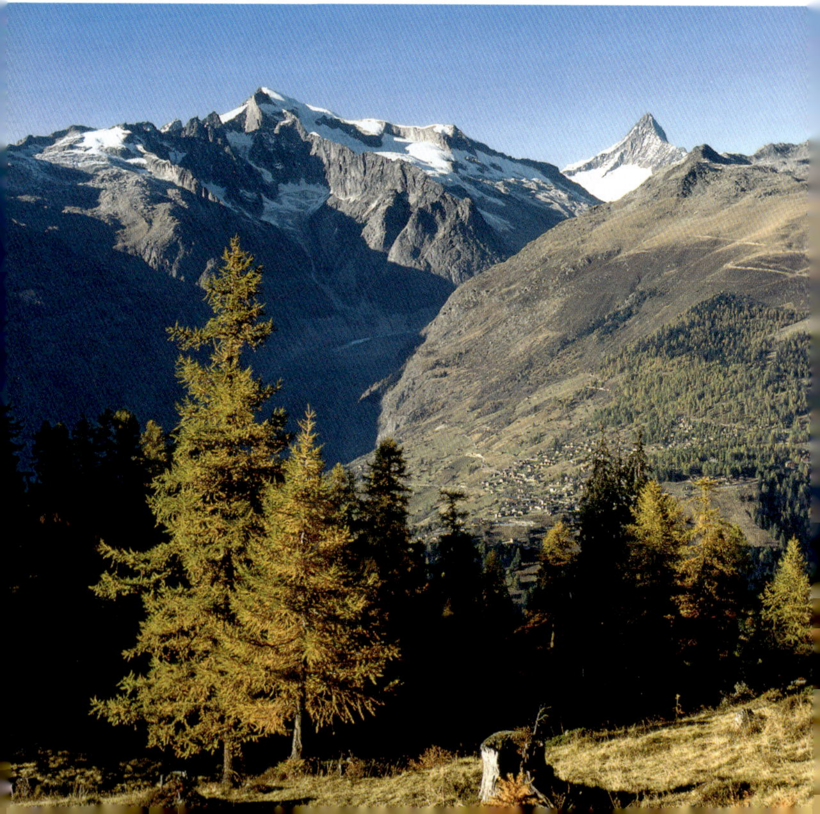

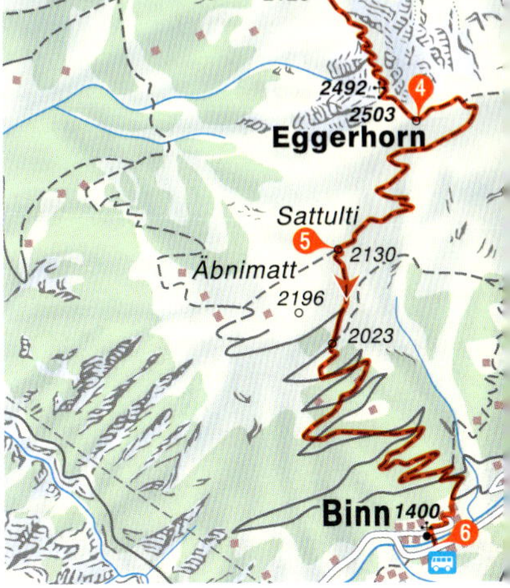

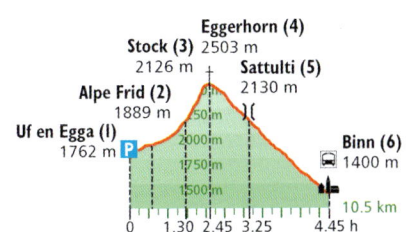

Talort: Ernen, 1196 m; Busverbindung mit Fiesch. Parkmöglichkeiten im Ort.

Ausgangspunkt: Uf en Egga, Straßenende am Ausgleichsbecken, 1762 m. Eine schmale, geteerte Mautstraße führt von Ernen zu diesem paradiesischen Plätzchen an der Waldgrenze. Kleinbustransfer durch ein örtliches Taxiunternehmen (Info im Verkehrsamt), ansonsten hätte man noch einen zusätzlichen Aufstieg von 1½ Std. zu bewältigen.

Endpunkt: Binn, 1400 m; Hauptort im Binntal, Postautoverbindung über Ernen mit Fiesch (etwa neun Kurse täglich).

Höhenunterschied: 740 m im Aufstieg, 1100 m im Abstieg.

Anforderungen: Gipfeltour auf anfangs guten Wegen, dann zum Gipfel auf sehr steil angelegten, etwas erdigen Pfaden.

Einkehr: Keine Einkehrmöglichkeit.

Von **Uf en Egga (1)** geht man auf dem Fahrweg hinauf zur nahen **Alpe Frid (2)** und weiter in östlicher Richtung zu einer Verzweigung: Geradeaus führt ein Weg weiter ins Rappetal, unser Weg jedoch zweigt nach rechts ab, leitet durch lichten Lärchenwald und erreicht schließlich steil den **Stock (3)**.

Die Aussicht nach Norden auf die Berner Alpen ist nun frei, auch das stille Rappetal ist mittlerweile voll einzusehen. Nach einem kurzen ebenen Stück folgt der steile Restanstieg, wobei der Pfad ziemlich direkt als tief eingetretener bzw. vom Wasser ausgespülter Graben durch die Zwergstrauchzone und die alpinen Wiesenflächen bis zum Gipfel des **Eggerhorn (4)** hinaufzieht. Der nördliche Gipfel trägt ein Kreuz, der minimal höhere Südgipfel bildet eine begraste Kuppe.

Ein guter Pfad windet sich in einigen Kehren auf der Südseite des Gipfels zum **Sattulti (5)**, 2130 m, wo man auf einen Fahrweg trifft. Dieser führt in Kehren durch den schönen Bergwald hinab nach **Binn (6)**, der Fußweg kürzt einige der Serpentinen ab.

Blumenwanderung im berühmten Tal der Minerale und Kristalle

Galen und Gandhorn sind kleine Aussichtsgipfel auf einem Zwischenrücken im hinteren Binntal, zwischen Fäldbach und der Binna. Je nach Jahreszeit werden wir an den Wegen immer wieder von einer interessanten Flora begeistert sein – das Binntal ist schließlich auch für seinen Blumenreichtum bekannt! Wer sich für Mineralien und Kristalle interessiert, findet in Fäld die großartige Verkaufsausstellung des Strahlers André Gorsatt – in der Grube Lengbach wurden und werden noch immer einzigartige Mineralien gefördert.

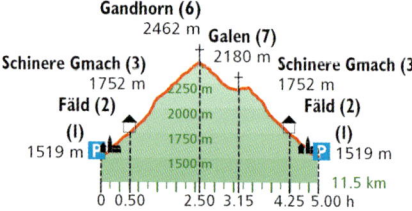

Talort und Ausgangspunkt: Fäld (Imfeld) im Binntal, 1519 m. Gebührenpflichtiger Parkplatz vor der Binnabrücke.
Höhenunterschied: 970 m.

Anforderungen: Leichte Wanderung auf guten Wegen bis zum Gipfel.
Einkehr: Einkehrmöglichkeit in zwei Gasthäusern in Imfeld.

Vom Parkplatz vor **Fäld (1)** über die Brücke der Binna und steil durch das **Fäld (2)** hinauf bis zur Kapelle, die die Schweizer Stiftung Archekultura in ihr Inventar aufgenommen hat. Zwischen Kapelle und den Häusern auf altem, schönem Weg höher, die Fahrstraße ins hintere Binntal wird mehrmals gequert. Am Schild »Schinere Gmach« nach links zum Weiler **Schinere Gmach (3)** und weiter über einen Bach in einer Schlucht zu Wiesen. Wenig später in den Wald an die Geländekante **Binergale (4)** und – der weiß-rot-weißen Markierung folgend – in vielen Serpentinen höher. Nach Ver-

Über dem hintersten Binntal erhebt sich das Ofenhorn.

lassen des Waldes befindet sich rechts eine kleine Jagdhütte. Flacher werdend in ein kleines Hochtal, links der Fäldbach mit den Steilhängen und Lawinenresten bis weit in den Sommer. Von dieser Ebene bald steil am Weg durch Felsen nach rechts höher bis zur **Wegtafel zum Galen (5)**, die nach rechts weist. Dorthin gehen wir aber erst im Abstieg. Wir wenden uns statt dessen nach links und gelangen auf einem breiten begrasten Rücken höher (viele Blumen). Auf etwa 2400 m weist die Beschilderung nach Fäldbach nach links, doch wir folgen dem Weg weiter aufwärts, kommen an zwei Privathütten vorüber und sind in wenigen Minuten auf dem **Gandhorn (6)** mit seiner schönen Sicht in die nähere Umgebung.

Im **Abstieg** nehmen wir den kleinen Abstecher zum **Galen (7)** mit seinem großen Kreuz noch mit und genießen einen instruktiven Blick ins Binntal.

Im Mineralien-Eldorado der Schweiz

Auf dieser Wanderung erleben wir eine bemerkenswerte geologische Struktur: Verschiedenste Gesteinsarten und Felsformationen treten hier auf engem Raum zutage. Das Tal ist weltbekannt für seinen Kristall- und Mineralienreichtum, einige Mineralien wurden bisher nur hier gefunden. Die unterschiedlichen Bodenarten sind auch einer der Gründe für die besonders vielfältige Flora. Das Binntal steht seit 1964 unter Naturschutz – und es ist noch nicht vom Massentourismus überrollt! Für Interessierte werden geologisch-mineralogische Führungen angeboten.

Talort und Ausgangspunkt: Fäld (Imfeld), 1519 m, kleine Siedlung oberhalb des Zusammenflusses von Binna und Fäldbach mit malerischen alten Häusern. Die Autos müssen am gebührenpflichtigen Parkplatz vor der Binnabrücke abgestellt werden. Postautoverbindung Fiesch – Binn (etwa sieben Kurse täglich), Taxi nach Imfeld.
Höhenunterschied: 950 m.
Anforderungen: Gute, ausreichend markierte Wanderwege.
Einkehr: Die Binntalhütte der SAC-Sektion Delémont (Jura) ist eine »echte« Bergsteigerhütte, von Sektionsmitgliedern bewartet, Tel. 027/9714767, www.cas-delemont.ch. Getränke und einfache Verpflegung von Ende Juni bis Anfang Oktober erhältlich. Hüttenübernachtung empfehlenswert. Restaurant »Imfeld« am Parkplatz, offen von Mai bis Mitte Oktober.

Vor der Binnabrücke unterhalb **Fäld (1)** folgt man dem mit »Mineraliengrube« ausgewiesenen Weg. Bei **Figgerscha (2)** geht man aber nicht am Lengbach hinauf zur Grube, sondern bleibt auf dem Fußweg, der auf der Südseite der Binna weiter taleinwärts zieht und hinter Furggmatta zum malerischen **Halsesee (3)** hinaufzieht; in wenigen Minuten kommt man dann zur Brücke von **Chiestafel (4)** hinab – hier tritt eine auffallende reinweiße Zone von Dolomit zutage.

Die Binntalhütte erschließt ein abwechslungsreiches Wandergebiet.

Der gute Weg überwindet die nächste Stufe nordseitig der kleinen Schlucht zur Ebene von Blatt und erreicht Oxefeld, von wo man gemütlich zu der nun sichtbaren **Binntalhütte (5)** aufsteigt.

Zum **Albrunpass (6)** geht man in gleicher Richtung weiter, der Weg führt in einigen Kehren zur tiefsten Einsattelung – wer ausreichend Zeit hat, sollte noch auf einen der Hügel beidseits des Passes steigen oder ein kurzes Stück auf die italienische Seite hinuntergehen, dann präsentiert sich auch ein vortrefflicher Blick in das Déverotal, ein wahres Wanderparadies.

Man geht auf dem gleichen Weg zurück bis **Chiestafel (4)**, dann aber an der nördlichen (rechten) Seite der Binna auf dem Fahrweg nach **Fäld (1)** zurück. Die letzten Kehren über der Siedlung kann man auf einem Fußpfad abkürzen.

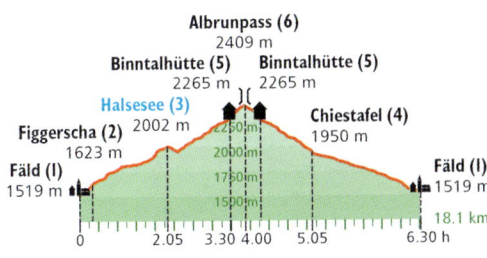

Arktische Impressionen am Riesengletscher

Schon von der Station Bettmergrat hat man einen herrlichen Blick über den Aletschgletscher auf die Hochgipfel der Berner Alpen, auf dem Weg zum Märjelesee kommen wir dem Eis immer näher; die gewaltigen Dimensionen dieses Fisstromes lassen durchaus arktische Eindrücke aufkommen!

Der Märjelesee war in früheren Zeiten viel größer und durchbrach immer wieder den sperrenden Eiswall, um dann zwischen Moräne und Gletscher ins Tal zu stürzen und schlimme Verwüstungen im Bereich von Brig anzurichten. Durch Wasserbaumaßnahmen wird dies heute verhindert, auch durch das Zurückschmelzen des Gletschers kann sich derzeit kaum noch ein größerer See aufstauen. Die hochmoorigen Biotope im Märjela-Boden sind ebenfalls sehenswert und schließlich wartet ein weiterer Aussichtshöhepunkt am Tälligrat mit dem Tiefblick zum Fieschergletscher und dem Finsteraarhorn als Hintergrund.

Durch den Gletscherrückgang heute nicht mehr zu erleben: ein Randsee am Eis des Aletschgletschers.

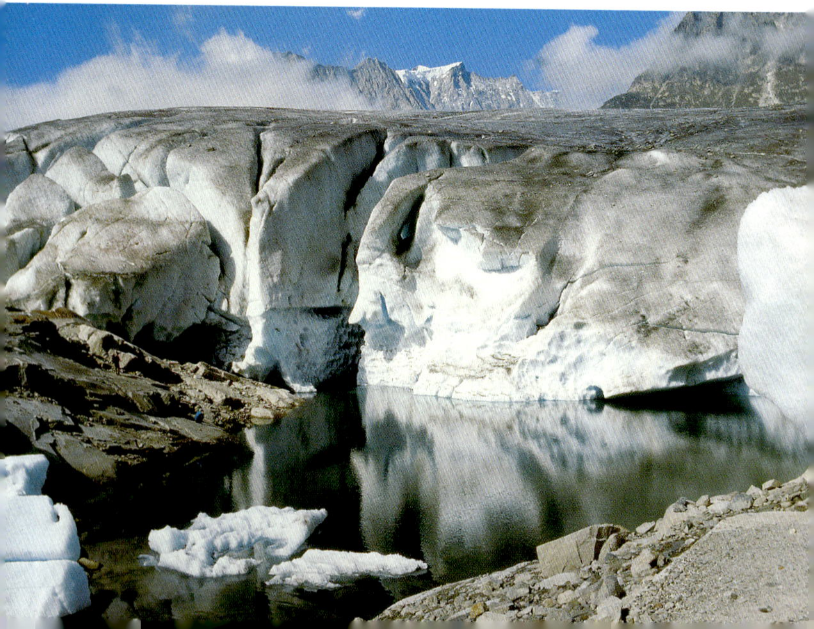

Talorte und Ausgangspunkt: Betten, 814 m (MGB-Bahnhof). Seilbahn zur Bettmeralp, 1924 m; auf einer Sonnenterrasse über Mörel, Grengiols und Fiesch gelegen, autofrei. Von dort Seilbahn zum Bettmergrat, 2647 m.
Fiesch, 1049 m, zentraler Ort im Goms an der MGB-Bahnlinie, Seilbahn nach Kühboden und weiter zum Eggishorn.

Höhenunterschied: Ca. 150 Hm Aufstieg und 870 Hm Abstieg.
Anforderungen: Wenig schwierige Wanderung um das Eggishorn auf guten Wegen, auch für Familien geeignet.
Einkehr: Restaurant Gletscherstube am Vordersee (www.gletscherstube.ch), Furri-Hütte auf der Martisbergeralp und an den Stationen Bettmergrat und Kühboden.

63

Über dem Märjelesee der Aletschgletscher, dahinter Olmenhorn und Dreieckhorn.

Von **Betten (1)** fährt man mit der Gondelbahn zur **Bettmeralp (2)**, geht durch den Ort zur Station der **Bettmeralp-Seilbahn (3)** und fährt zur **Bergstation Bettmergrat (4)** hinauf. Von dort geht man wenige Meter fast waagerecht um den Rücken des Bettmerhorn an dessen Nordwestseite herum, wo der Weg knapp unterhalb der Felsen schräg nach Norden abwärts führt. Mit herrlicher Sicht auf den Aletschgletscher und die umliegenden Gipfel gelangt man nun bis in die Große Gufer, wo man kurz absteigt und bei der **Roti Chumma (5)** die Einmündung des unteren Höhenweges vom Aletschwald erreicht. Der Steig leitet nun fast eben durch plattiges Gelände – teilweise ist er hier in die Felsen gehauen – an die Kante des **Eggishorn-Nordwestgrates (6)** und führt von hier zum **Märjelesee (7)** hinunter.

Vom Märjelesee wandert man nach Osten durch den Talboden der Märjelaalp mit ihren malerischen Seen. Hier befindet sich das Restaurant **Gletscherstube (8)**, von wo es auch einen beleuchteten Stollenweg ins Tälli und zur Station Kühboden als Abkürzung gibt.

Nach dem angestauten Vordersee kommt man zu einer Wegkreuzung: Rechts geht es steil hinauf Richtung Eggishorn, links könnte man ins Fieschertal absteigen, während unser Weg geradeaus schräg etwas ansteigend zur Kante des **Tälligrates (9)** hinaufzieht. Die Aussicht von hier ist gut geeignet für eine längere Rast, denn steil bricht unter uns das Gelände ins Fieschertal ab und der Fieschergletscher windet sich in eleganten Bögen von den schroffen Viertausendern herab. Der gute Weg führt nun durch eine

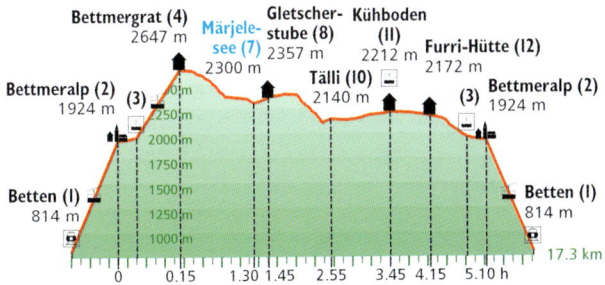

Bettmergrat (4)
2647 m
Märjelesee (7)
2300 m
Gletscherstube (8)
2357 m
Kühboden (11)
2212 m
Furri-Hütte (12)
2172 m
Bettmeralp (2)
1924 m
(3)
Tälli (10)
2140 m
(3)
Bettmeralp (2)
1924 m
Betten (1)
814 m
Betten (1)
814 m
2250 m
2000 m
1750 m
1500 m
1250 m
1000 m
17.3 km
0
0.15
1.30
1.45
2.55
3.45
4.15
5.10 h

felsdurchsetzte Zone in Südrichtung abwärts, quert ins **Tälli (10)**, wo der tiefste Punkt unserer Runde mit etwa 2140 m erreicht ist. Dann geht's zu einer Geländekante, dahinter schwenkt der Weg schließlich in den Bereich der Fiescheralp ein und zieht nur leicht ansteigend wie auf einer Terrasse zur Seilbahnstation **Kühboden (11)**. Zur **Bettmeralp (2)** zurück kommt man in einer Stunde in einem gut 4 km langen Fußmarsch auf dem breiten Fahrweg über die Martisbergeralp mit der **Furri-Hütte (12)**; andernfalls kann man auch mit der Seilbahn nach Fiesch abfahren.

Kapelle auf der Bettmeralp im Abendlicht, dahinter die Wiessmiesgruppe.

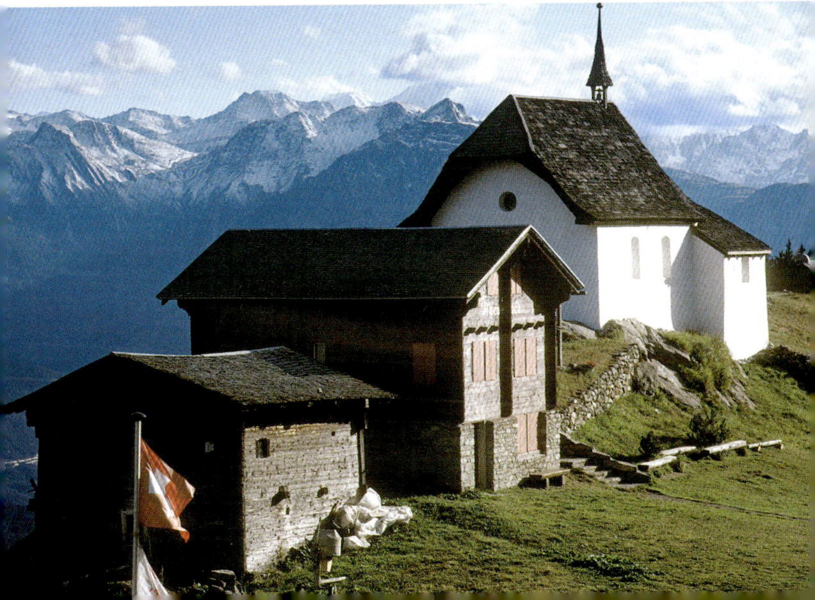

Tiefblicke auf den Aletschgletscher aus einem märchenhaften Arvenwald

Unser Höhenweg am Aletschwald bietet ein einzigartiges Panorama auf den gewaltigen Aletschgletscher mit seinen beiden markanten Mittelmoränen, die ihren Ursprung bei der Vereinigung der drei Nährgletscher am Konkordiaplatz im Jungfrau-Gebiet haben; den Vordergrund für die Vielzahl von »Postkarten-Motiven« bilden die malerischen Arven (Zirben), hier an der Baumgrenze mit besonders eindrucksvollen Formen. Der Aletschwald steht seit 1933 unter strengem Naturschutz. Dieser Hangwald war wegen extremer Bauholz- und Waldweiden-Bewirtschaftung vor 100 Jahren nahezu am Ende. Seither verfolgt man auch mit wissenschaftlichen Methoden das Wiederentstehen eines natürlichen Biotops und dessen kontinuierliche Weiterentwicklung – bitte hier nicht die Wege verlassen! Trotz der Kürze dieser mühelosen Unternehmung wird man leicht einen vollen Tag hier oben verbringen können! Neben dem beschriebenen Weg gibt es hier natürlich noch weitere, ebenfalls sehr lohnende Wanderungen und zusätzliche Abstecher, allesamt bestens ausgeschildert. Die »Villa Cassel« auf der Riederfurka war das erste Naturschutzzentrum der Schweiz, es gibt hier eine naturkundliche Ausstellung und einen reichhaltigen Alpengarten.

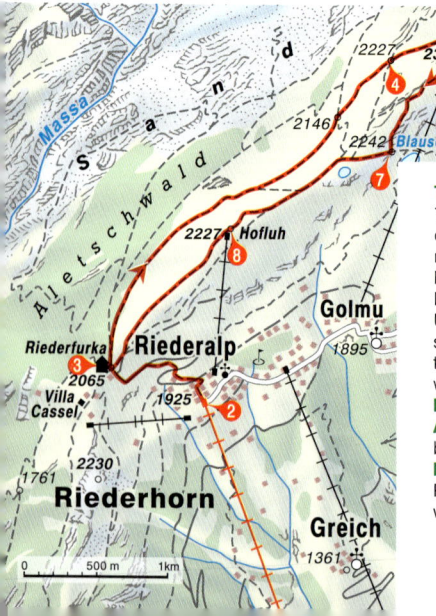

Talort und Ausgangspunkt: Mörel, 759 m, im Rhônetal gelegen. MGB-Station, dichte Zugfolge. Von Mörel (gebührenpflichtige Parkplätze) mit der Gondelbahn zur Riederalp, 1925 m (dichter Fahrplan zwischen ca. 5.30 und 23.00 Uhr). Wie die benachbarte Bettmeralp sind die alten Alpsiedlungen zu komfortablen Sport- und Erholungsorten gewachsen und autofrei.

Höhenunterschied: 460 m.

Anforderungen: Leichte Wanderung auf breiten und markierten Wegen.

Einkehr: An der Riederfurka Hotel- und Restaurationsbetrieb, Tel. 027/9272244, www.artfurrer.ch.

Noch immer ein gewaltiger Blickfang: der Aletschgletscher unterhalb des Aletschwalds.

Von **Mörel (1)** fahren wir mit der Gondelbahn zur **Riederalp (2)** hinauf. Von dort gehen wir in westlicher Richtung auf den breiten Wegen aufwärts zur gut sichtbaren **Riederfurka (3)** mit dem auffälligen Bau der Villa Cassel. Auf der Aletschseite geht's nur wenige Meter schräg am Hang bergab in den **Aletschwald**, dann folgen wir dem guten Weg auf der oberen, alten Moräne, nicht nur ambitionierte Fotografen werden hier kaum vorankommen ob der fantastischen Motive auf Schritt und Tritt! An der **Abzweigung vom Moränenkamm (4)**, P. 2227 m, nach Biel hat man nochmals einen guten Überblick über den Gletscher. Dann geht's hinauf zum Sattel **Biel (5)** und in wenigen Metern rechts haltend zur **Moosfluh (6)**, dem höchsten Punkt dieser Wanderung mit großem Ausblick auf den Gletscher und über das Rhônetal auf die Walliser Alpen (Sessel-liftstation).

Nun folgen wir dem aussichtsreichen Kamm in südwestlicher Richtung abwärts zum malerischen **Blausee (7)**, dann weiter ohne viel Höhenunterschied zur **Hofluh (8)** mit einer Sessellift-station; schließlich erreichen wir im leichten Abstieg wieder die **Riederfurka (3)**. Auf dem Aufstiegsweg zur **Riederalp (2)** zurück.

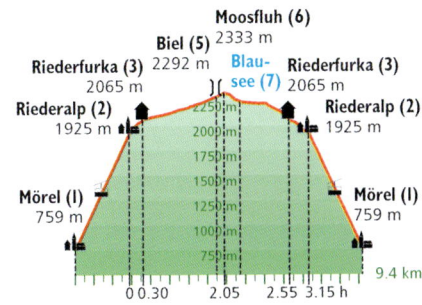

Auf uralten schmalen Pfaden entlang historischer Wasserleitungen

Der Sonnenhang um Ried leidet seit alters her unter Wasserarmut – um hier leben zu können, musste schon vor Hunderten von Jahren das Wasser in unter Gefahren angelegten Leitungen unter dem Riederhorn herum vom Aletschgletscher herangeführt werden. Wenn wir heute über die restaurierten Pfade wandern, können wir nur ungläubig den Kopf schütteln über solch verwegene Bauten. Am Weg entdecken wir immer wieder Reste der alten Wasserleitungen (sie datieren zurück bis ins 12. Jh.!) – kühnste Bauwerke, die unter Lebensgefahr durch die schroffen Felsflanken geführt wurden – eine Kännel-Konstruktion wurde am Weg mit Stützpfeilern und Holzrinne als Schaustück wiedererrichtet.

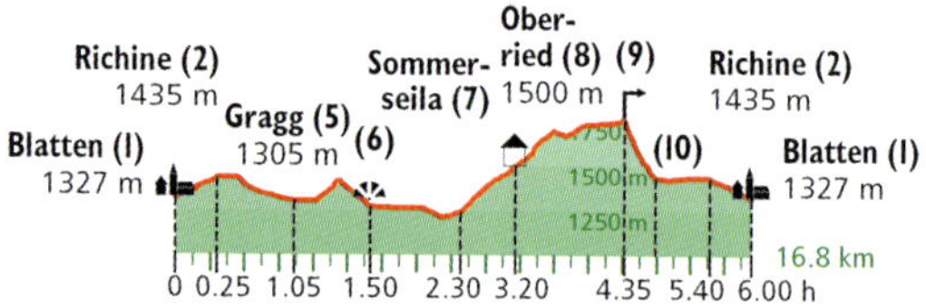

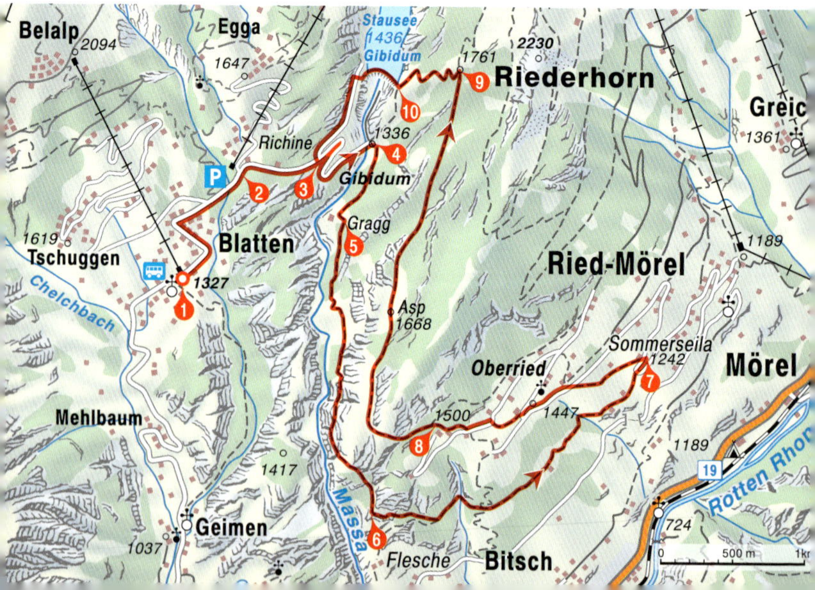

Talort und Ausgangspunkt: Blatten, 1327 m, dichte Postautoverbindung mit Brig; mit eigenem Pkw noch bis Parkplatz bei Richine (ca. 1450 m) fahrbar (verkürzt die Tour um 45 Min. im Anstieg und 30 Min. im Abstieg).

Höhenunterschied: Insgesamt ca. 700 Hm.

Anforderungen: Gute Wanderwege, jedoch stellenweise schmal und durch steile Felswände geführt, daher Schwindelfreiheit unbedingt erforderlich. Am Rückweg mehrfaches Auf und Ab des Weges.

Einkehr: Unterwegs keine; von Sommerseila in 20 Min. nach Ried ob Mörel, dort mehrere Restaurants.

Hinweis: Diese Wanderung kann auch von Ried (Straße und Seilbahn von Mörel) gestartet werden.

Durch abwechslungsreiches Felsgelände führt der Weg an der ehemaligen Massa-Wasserleitung entlang.

Von **Blatten (1)** folgt man der Straße Richtung **Richine (2)** und biegt dann zum Stausee ab; man geht jedoch nicht bis zur Staumauer, sondern steigt am **Fahrweg (3)** in den Graben der **Massaschlucht** unterhalb der Mauer ab, **Gibidum (4)**. Im zunächst noch breiten Talgrund auf dem Ziehweg zu den Hütten von **Gragg (5)**.

Hier beginnt der Massaweg, zunächst durch einen malerischen Birkenwald und eine Schuttreise, dann wird es alpin, denn die alte Wasserleitung führte direkt in die Felsflanke und daher zieht auch der restaurierte Weg hier quer hindurch – verbunden mit großartigen Ausblicken – zum wunderschönen **Aussichtsplatz (6)** oberhalb der Hütten von Flesche. Dann geht es am immer noch steilen Hang entlang weiter in Richtung Ried, bis man bei **Sommerseila (7)** auf die Straße von Ried nach Oberried trifft.

Man folgt dieser Straße oder dem abkürzenden Fußweg hinauf nach **Oberried (8)**, wo unser Rückweg entlang der ehemaligen Wasserleitung »Oberriederi« abzweigt. In ständigem Auf und Ab quert diese Trasse in atemberaubender Linienführung und stellenweise ausgesetzt auf der oberen Etage durch die felsige Flanke bis oberhalb des Stausees. Hier befindet sich auf 1761 m die **Abzweigung zur Riederfurka (9)**, wir nehmen aber den steilen Abstieg zur **Staumauer (10)**, überqueren diese und gehen auf dem Fahrweg zurück zum Weg nach **Blatten (1)**.

Hoch über Brig mit Blick auf den Aletschgletscher und die Walliser Alpen

Als lang gestreckter Höhenrücken begrenzt der Kamm des Foggenhorn den Kessel der Belalp nach Westen. Während sich diese Seite nicht allzu schroff zeigt, bricht der Kamm jenseits steil in das scharf eingeschnittene Gredelschtal ab. Damit werden sich die Erwartungen auf eine informative Aussicht – schönes Wetter vorausgesetzt – ganz sicher erfüllen lassen! Der Aufstieg ist nicht besonders anstrengend, mit dem Rückweg über die traumhaft gelegene Nesselalp haben wir eine schöne Rundtour vor uns.

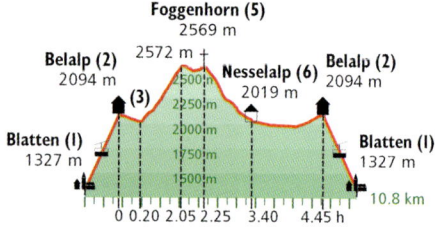

Talort und Ausgangspunkt: Blatten, 1327 m, dichte Postautoverbindung mit Brig. Von Blatten mit der Gondelbahn zur Station Belalp, 2094 m; weites Alpgelände mit Chalet-Siedlung hoch über Blatten, Bergstation der Luftseilbahn von dort (dichter Fahrplan).
Höhenunterschied: 780 m.
Anforderungen: Alpine Wanderung auf guten und markierten Wegen.
Einkehr: Gasthäuser auf der Belalp.

Von **Blatten (1)** fahren wir mit der Gondelbahn zur Station **Belalp (2)**. Unterhalb der Chalet-Siedlung gehen wir am Fahrweg leicht abwärts in Richtung Bäll, bis nach zwei Restaurants die Straße einen scharfen Linksbogen macht und rechts ein Weg über die Wiesen auf die Skilifte zuhält. Diesem folgen wir zum **Chelchbach (3)**, gehen über die

Oben: Die Alpe Nessel am Abstieg vom Foggenhorn.
S. 72: Das Foggenhorn bietet einen herrlichen Blick auf den Aletschgletscher.

Brücke und steigen jenseitig zunächst gerade aufwärts bis zu der den Hang querenden Wasserleitung. In einigen Serpentinen steigen wir nun den Wiesenhang weiter hinauf und erreichen den **Kamm (4)** auf 2572 m. Hier haben wir bereits eine umfassende Aussicht, doch wenn wir dem Kamm nach Süden folgen, dabei nur noch wenig Auf- und Abstiege überwinden müssen, erreichen wir nach gut 30 Min. das fast höhengleiche **Foggenhorn (5)** – dort ist die Rundsicht dann nochmals umfassender!
Zum Abstieg nehmen wir den nach Süden hinabziehenden Steig, der bald in die Ostflanke abbiegt und dann mit einigen Kehren zur **Nesselalp (6)** führt. Der restliche Weg über die Alphänge der Belalp nach Bäll und zur Station **Belalp (2)** zurück ist eher ein Spaziergang mit herrlichem Panorama.

In drei Tagen auf einem historischen Weg über den Simplonpass

Archäologische Funde belegen, dass der Simplonpass bereits in der Bronze- und Eisenzeit sowie von den Römern als Übergang benutzt worden ist; nachgewiesen ist ein Passweg erst ab 1235 und von da an stellte sich ein reger Säumerbetrieb ein. Im 17. Jh. wurde die Route durch Kaspar Jodok Stockalper mit vielen Versorgungsstationen und Kunstbauten an schwierigen Geländepassagen versehen. Napoleon ließ zwischen 1800 und 1805 eine moderne Fahrstraße ausbauen, deren Linienführung so genial war, dass die heutige Nationalstraße in weiten Bereichen dieser bautechnischen Glanzleistung folgt – daher sind Spuren dieser Trasse heute weitgehend verschwunden, während die Stockalpersche Wegführung sich im Gelände an vielen Stellen rekonstruieren ließ und dort nun mit viel Aufwand freigelegt und wiederhergestellt werden konnte.

Doch nicht nur der Weg selbst, sondern auch die Bauten in seinem Bereich bilden nun ein grandioses und in seiner Art einmaliges Freiluftmuseum, eine ideale Verbindung zwischen Naturerlebnis und historischen Informationen; so dokumentieren kleine Ausstellungen, über den Wegverlauf verteilt, Themen zu den früheren Lebensverhältnissen wie Landwirtschaft, Bergbau oder den Warentransport. Das ganze nennt sich »Ecomuseum« (eine Idee aus den 60er-Jahren in Frankreich) – der Versuch einer ganzheitlichen Darstellung einer zusammenhängenden Region in ihrem geografischen, sozialen und kulturellen Umfeld.

Die gesamte Route ist auf zwei bis drei Tage angelegt. Wir beschreiben hier die älteste Routenführung, welche die Gondoschlucht über das Zwischbergental umgeht und damit einen weiteren Pass, die Furggu, überwinden muss. Seit einigen Jahren wurde als Alternative zu diesem Abschnitt auch eine historische Route durch die Gondoschlucht angelegt, von der aus noch Abschnitte der Napoleonischen Straße zu bewundern sind. Das Museum »Alte Kaserne« vor Beginn der Gondoschlucht ist in jedem Fall einen Besuch wert!

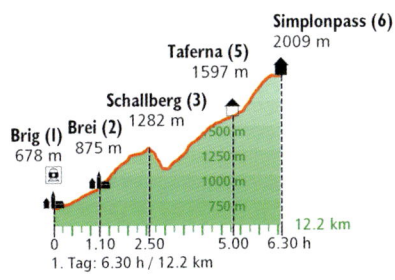

73

Talort: Brig, 678 m; Hauptort des Oberwallis, Ausflugszentrum im Rhônetal zwischen der Simplon- und Lötschberglinie. Sehr gut mit der Bahn erreichbar; Postautolinie über den Simplonpass, somit kann die Tour an vielen Stellen unterbrochen werden, auch die Ausgangs- und Endpunkte der Teiletappen sind auf diese Weise problemlos zu erreichen.

Endpunkt: Gondo, 855 m; Grenzort an der Simplonpass-Straße am Ausgang der Gondoschlucht. Postauto-Haltestelle.

Höhenunterschiede: Erste Etappe Brig – Simplonpass: 1540 m Aufstieg, 210 m Abstieg; zweite Etappe Simplonpass – Simplon Dorf: 550 m Abstieg; dritte Etappe über Furggu ins Zwischbergental und nach Gondo: 670 m Aufstieg, 1270 m Abstieg. Ausdauernde, konditionsstarke Geher können die zweite und dritte Etappe zusammenfassen, doch ist es sicher schöner, am zweiten Tag den Bereich des Simplonpasses weiter zu erkunden!

Anforderungen: Gute und markierte Wanderwege, über weite Bereiche auch Karrenwege, die mit großem Aufwand auf historischer Trasse restauriert wurden. Aufgrund seiner Lage ist das Klima am Simplonpass oft rauer als andernorts in dieser Höhenlage – bei der Ausrüstung sollte dies berücksichtigt werden.

Einkehr- und Unterkunft: Hotels und Hospiz auf dem Simplonpass, www.gs-bernard.net; Einkehr und Übernachtungsmöglichkeiten in Simplon-Dorf; Hotel-Restaurant in Gstein-Gabi und in Zwischbergen; allesamt in der Wandersaison geöffnet.

Das historische Simplon-Hospiz, überragt von den Plattenwänden des Hübschhorn.

1. Tag: Brig – Simplonpass

Startpunkt ist der Stockalperpalast in **Brig (1)**: Auf der »Alten Simplonstraße« geht's bergan, am Dorfausgang kurz links in die »Bachstraße«, dann wieder rechts in die »Römerstraße«. Über Wiesen, dann unter der Nationalstraße durch und über Lingwurm nach **Brei (2)**. Südlich auf einem Sträßchen aufwärts und auf dem Weg in Kehren durch den darüberliegenden steilen Wald (die Kehren des alten Weges waren hier teilweise nicht mehr zu finden, daher musste neu trassiert werden). Der folgende Abschnitt durch die Felsflanken über der Saltinaschlucht wurde mit großem Aufwand wiederhergestellt. So gelangt man heute wieder, wie zu Stockalpers Zeiten, nach **Schallberg (3)**. Im Abstieg kann man entweder die ebenfalls restaurierte mittelalterliche Wegführung direkt nach **Grund (4)** nehmen oder die etwas bequemere Variante Stockalpers, die in einer links ausholenden Schleife den Ganterbach etwas weiter oben überquert und sich im Grund des Tafernabaches wieder mit Ersterem vereinigt. Man erreicht **Taferna (5)**, ein ehemaliges Gasthaus, und folgt der rekonstruierten Trasse mit fünf neuen Holzstegen an den Orginalstellen in zahlreichen Serpentinen zum **Simplonpass (6)**.

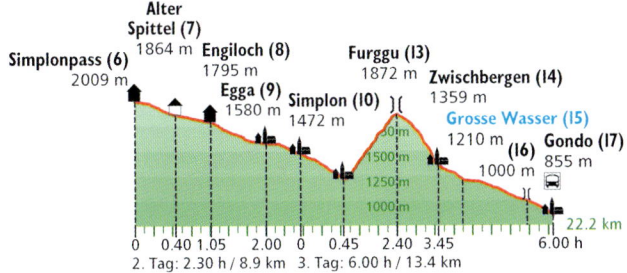

2. Tag: 2.30 h / 8.9 km   3. Tag: 6.00 h / 13.4 km

2. Tag: Simplonpass – Engiloch – Egga – Simplon-Dorf

Ab dem **Simponpass (6)** liegt der Stockalperweg auf einer Strecke von 500 Metern unter der modernen Straße, unser Weg führt also etwas westlich davon zur alten Straße, der wir dann durch die von rundgeschliffenen Felshöckern und Magerwiesen geprägten Landschaft zur Alpe Niwe und weiter zum »**Alten Spittel**« **(7)** folgen. Kurz auf der Asphaltstraße, dann auf dem neu angelegten Wanderweg zum Weiler Niederalp und zur Simplonstraße bei der Talenge mit dem Restaurant von **Engiloch (8)**. Unterhalb der Nationalstraße geht's dann auf dem Wanderweg mit zahlreichen historischen Spuren abwärts nach Maschihüs, darauf über die schöne Napoleon-Steinbrücke und weiter nach **Egga (9)**. Auch das folgende Wegstück bis zum Dorf **Simplon (10)** ist restauriert worden, schöne Pflasterung und Trockenmauern wurden freigelegt.

3. Tag: Simplon-Dorf – Gondo

Vom **Dorf Simplon (10)** führt der Weg nur ein kurzes Stück auf der südlichen Zufahrtsstraße, dann zieht er nach links abwärts, unter der Schnellstraße hindurch und über die Wiesen nach **Gstein-Gabi (11)**. Noch ein paar Meter sind es bis zur Brücke über den Lagginbach; hier trennt sich die Napoleon-Route durch die Gondoschlucht (nach links, neuer Themenweg) von unserem Weg ins Zwischbergental. Wir kommen an dem alten »Gsteinhüs« vorbei und steigen in vielen Serpentinen über den abwechselnd mit Wiesen und Waldstücken bestande-

Am Stockalperweg nahe Egga, hinten das Rothorn, in der Mitte das Fletschhorn.

nen Hang des **Feerberg (12)** hinauf; dabei kommen wir an einer Kapelle vorüber. Bei **Furggu (13)** haben wir die Aufstiegsmühen hinter uns und können mit dem Abstieg ins Zwischbergental beginnen. Der Fahrweg bleibt rechts am Hang, unser Weg folgt anfangs dem Bächlein, bleibt dann auf der sonnigen Talseite unter dem Seehorn und zieht vorbei an Chatzhalte nach vielen Serpentinen zur Siedlung **Zwischbergen (14)**. Für den Weiterweg überqueren wir unterhalb des kleinen Stausees den Talbach, das »**Grosse Wasser**« **(15)**, und wandern auf der anderen Seite über den alten Weg talwärts. Erst kurz vor der Steilstufe an der Ausmündung bei Gondo, wo sich Reste der ehemaligen Goldmine befinden, geht's erneut über eine **Brücke (16)** und, die Kehren der schmalen Fahrstraße abkürzend, direkt nach **Gondo (17)** hinab.

16 Folluhorn, 2657 m

4.30 Std.

2000 Meter über dem Rhônetal – schöner als im Flugzeug

Das Folluhorn ist der Eckpfeiler der Berge am Simplon oberhalb von Brig; schon von Rosswald aus hat man wunderschöne Tiefblicke ins Rhônetal hinunter nach Brig und in Richtung Simplonpass, im weiteren Aufstieg bis zum Gipfel steigert sich das Panorama naturgemäß erheblich weiter.

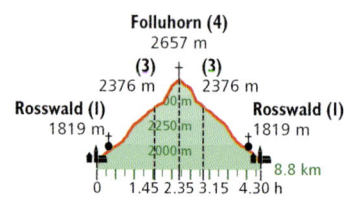

Im unteren Bereich quert der Weg einen schönen jungen Lärchenbestand und führt dann in gleichmäßiger, sehr angenehmer Steigung durch einen nordwestwärts geneigten grasigen Hang empor zu den ebenfalls grasdurchsetzten Gipfelfelsen. Die Wanderung dort hinauf vermittelt einen überraschenden Blick in die Ferne wie in den Boden des Rotten. Wir erkennen im Süden die unverwechselbaren Gestalten der Walliser Viertausender, es folgt der tiefe Einschnitt des Rhônetals mit Brig. Darüber die formvollendete Gestalt des Bietschhorns und anschließend die Bergriesen der Berner Alpen.

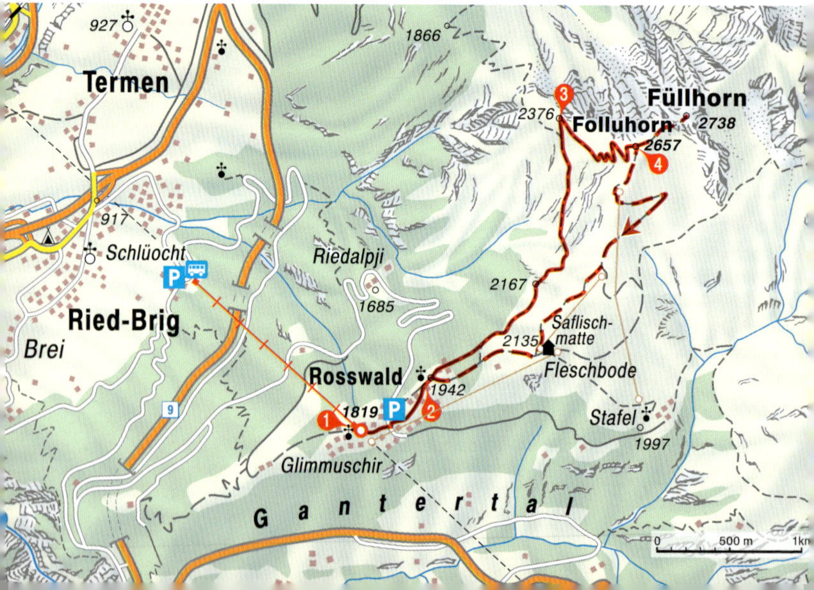

Höchst aussichtsreich – unten Brig, oben das Bietschhorn – zieht der Steig zum Folluhorn.

Talort: Ried-Brig, 918 m, kleine Gemeinde auf einer Wiesenterrasse an der alten Simplonstraße oberhalb Brig. Busverbindung mit Brig (ca. stündlich zwischen 7:00 und 19:00 Uhr.).

Ausgangspunkt: Rosswald (Glimmuschir), 1819 m. Ferienort auf der sonnenreichen Alpterrasse hoch über der Simplonpass-Straße. Herrliche Aussicht auf die Berner Alpen und die Berge der Simplon-Region. Eine schmale, kurvenreiche Fahrstraße führt zum Ort. Seilbahnverbindung mit Ried (Betrieb im Sommer ca. 7:30 bis 20:00 Uhr). Parkmöglichkeiten an der Talstation oder am gebührenpflichtigen Parkplatz in Rosswald.

Höhenunterschied: 840 m.

Anforderungen: Bergwanderung auf gut angelegtem Weg, ein gewisses Maß an Schwindelfreiheit ist auf der großen Hangquerung nötig.

Einkehr: Gasthaus Saflischmatte an der Abstiegsvariante, ½ Std. vor Rosswald.

Blick auf Rosswald mit dem Anstieg zum Folluhorn, dahinter die Berner Alpen.

Von der Bergstation **Rosswald (1)** im Ortsteil Glimmuschir geht man in wenigen Minuten hinauf zum Parkplatz am Ende der Fahrstraße. Ein Schild weist über die Wiesen zum oberen Ortsteil Rosswald, wo man die Abzweigung ins Liftgebiet hinter der **Kapelle (2)** rechts liegen lässt und an den letzten Häusern vorbei in den herrlichen Saflischwald gelangt. Der gut angelegte Weg ist ab hier bis zum Gipfel zu erkennen und führt, sehr gleichmäßig steigend, durch die Waldflanke und bald ins freie Gelände des großen Kessels westlich unter dem Folluhorn. Kleine Runsen ausgehend quert man diese steile Flanke aufwärts bis an ihr nördliches Ende, wo sich ein überraschender Tiefblick auch in das obere Rhônetal öffnet, **Punkt 2376 (3)**. In gleichmäßiger Steigung und nur ganz zuletzt etwas steiler gelangt man in einigen Serpentinen über das blumenreiche Wiesengelände zum Gipfel des **Folluhorn (4)**. Unermüdliche und trittsichere Wanderer können noch in gut 15 Minuten zum wenig höheren Füllhorn, 2738 m, ansteigen, doch die ungeheure Fernsicht vom Folluhorn dürfte auch verwöhnte Wanderer so sehr begeistern, dass sie auf diesen Aufstieg verzichten und die Zeit lieber hier mit Schauen verbringen!

Abstieg: Statt am Aufstiegsweg kann man auch mit schöner Aussicht nach Süden hinunter zum Gasthaus Saflischmatte (oben Wegspuren, dann guter Weg) und nach Rosswald absteigen, wegen der Skierschließungen hat dieser Weg jedoch etwas an Reiz verloren.

Abwechslungsreiche Tageswanderung hoch über dem Simplonpass

Die Monte-Leone-Hütte befindet sich nahe des Chaltwasserpasses, vis-à-vis der Nordflanke des Monte Leone. Der Zustieg führt uns in den beeindruckenden Kessel unter dem Chaltwassergletscher, umrahmt von hohen Gipfeln, Eis, Schuttmassen und Gletscherschliffen. Um die Hütte herum gibt es zwar fast kein Grün, doch die Farben der Gesteinsschichten und Schotterfelder bilden mit dem Gletschersee interessante Kompositionen. Mit dem kurzen Gang zur Mäderlücke und dem Abstieg nach Rothwald können wir hier eine herrliche Rundtour machen – mit dem Postauto kommen wir ja gut zurück zum Ausgangspunkt oder nach Brig hinab. Auch wer zum Simplon zurück absteigen will, sollte zuvor den Abstecher zur Mäderlücke unbedingt noch mitnehmen – beeindruckende geologische Farbenspiele und die Aussicht nach Norden sind der große Lohn für diesen geringen Mehranstieg! Ein Anstieg zum nahen Wasenhorn kann dem wirklich trittsicheren Bergsteiger sehr empfohlen werden: Vom Weg zur Mäderlücke zweigen Spuren nach rechts längs einer geologischen Schicht zum SW-Grat ab, der Aufstieg folgt den z.T. schwach ausgeprägten Spuren am Kamm selbst oder in den Blöcken wenig rechts (südlich) darunter (Stellen I, ausgesetzt). Die Aussicht ist grandios!

Der Simplonpass, links oben der Chaltwasserpass, in der Mitte der Monte Leone und rechts das Hübschhorn.

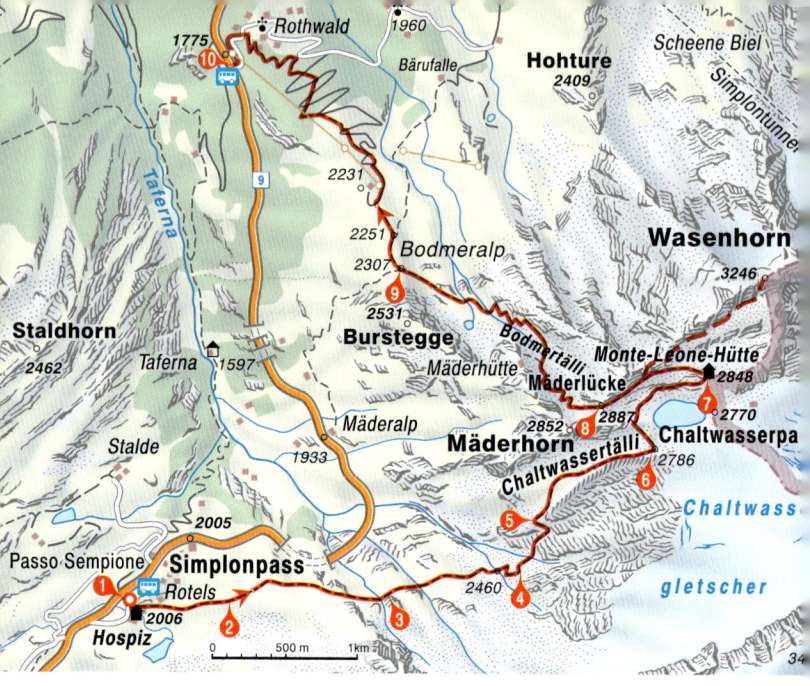

Talort: Brig, 684 m; Hauptort des Oberwallis zwischen Simplon- und Lötschberglinie, hervorragender Anschluss ans internationale Bahnnetz.
Ausgangspunkt: Simplonpass (Kulm), 2006 m; Postautoverbindung mit Brig (etwa sieben Kurse täglich).
Endpunkt: Rothwald, 1811 m; kleine Siedlung wenig oberhalb der Simplon-Straße, Bushaltestelle.

Höhenunterschied: 900 m im Aufstieg, 1130 m im Abstieg.
Anforderungen: Wanderung auf guten Bergwegen, markiert; die Höhenlage nicht unterschätzen (Wind, Kälte, Wetterumschwung, ...) – der Simplon hat ein etwas raueres Klima als die Nachbarregionen!
Einkehr: Monte-Leone-Hütte, im Sommer bewartet. Tel. 027/9791412, www.cas-sommartel.ch.

Vom Hospiz auf dem **Simplonpass (1)** führt ein Weg nach Osten zu den Hütten von Rotels und weiter bergauf zu einer **Wasserleitung (2)**. Entlang dieser Leitung gehen wir nur leicht ansteigend hoch über den Verbauungen der Simplonstraße taleinwärts, kommen an der **Wasserfassung (3)** vorbei und gelangen in den gewaltigen Geröllkessel des Chaltwassergletschers. Auf etwa **2460 m (4)** biegt der Weg dann nach links ab und führt über die glattgeschliffenen Platten der Gletscherabflüsse. Drüben geht es auf den **Moränen (5)** aufwärts und wir kommen in das Chaltwassertälli, durch das wir ziemlich abrupt an die Kante der **Passhochfläche (6)** kommen: In wenigen Minuten quert der Weg über dem See entlang zur nahen **Monte-Leone-Hütte (7)**.

Für den Abstieg – wenn wir nicht auf dem Aufstiegsweg zurückgehen wollen – benutzen wir einen Weg, der nach Westen zur nahen **Mäderlücke (8)** quert.

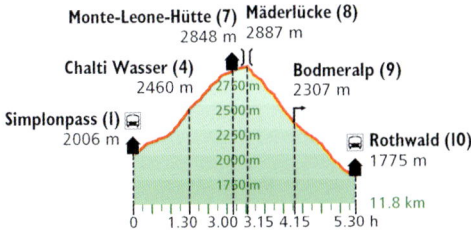

In steilen Serpentinen führt nun der Pfad hinab ins Bodmertälli und darauf zur Mattenfläche der **Bodmeralp (9).** Ein Fahrweg längs eines Skilifts beginnt wenig später – leider nicht sehr einfühlsam in die Natur gebaut. Nach einigen Kehren im Bereich des »Jochwaldes« kann man auf einem Fußweg direkt nach **Rothwald** und zur **Bushaltestelle (10)** absteigen.

Tiefblick vom Monte Leone auf Chaltwasserpass mit der Hütte und dem darüber aufragenden Wasenhorn; am Horizont die Berner Alpen.

In unmittelbarer Nähe zur Fletschhorn-Nordwand

Auf dieser Wanderung hat man einen faszinierenden Einblick in die Fletsch-horn-Nordwand mit dem wildzerrissenen Rossbodegletscher. Interessant ist auch die ebenmäßig geschwungene Seitenmoräne des Rossbodegletschers, zu der man vom Rossbode aufsteigen kann. Sie ist auf dieser Seite gut bewachsen und bricht zum Gletscher fast als versteinerte Wechte ab. Hier lassen sich hervorragend die verschiedenen Bereiche eines Gletschers auf engstem Raum beobachten: von der Eiswand im Gipfelbereich über chaotische Séracstufen bis hinab zur schotterbedeckten Zunge.

Ausgangspunkt: Egga, 1588 m, kleiner Weiler an der Simplon-Südrampe wenig oberhalb von Simplon-Dorf. Der Baustil der steingedeckten Häuser gibt der Region einen südländischen Anstrich. Postauto-Station der Simplon-Linie Brig – Domodossola. Parkmöglichkeiten am Ortseingang.
Höhenunterschied: 710 m.
Anforderungen: Leichte Alpwanderung.

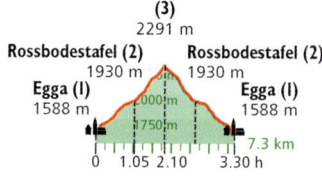

Von **Egga (1)** folgt man am Wegweiser dem Weg leicht ansteigend auf den bewaldeten Rücken. Das von den Gletscherabflüssen durchzogene Gelände zur Linken nennt sich Gletschersturz, ein heute dicht bewaldetes Schuttfeld der Ablagerungen früherer Gletschervorstöße. Kurz bevor wir das erste Mal den Fahrweg kreuzen, queren wir eine alte Wasserleitung. Dann steigen wir, mehrfach den Fahrweg kreuzend, abwechselnd im Wald und über offenes Gelände den Hang zum **Rossbodestafel (2)** auf.

Der Rossbodegletscher unter dem Fletschhorn.

Von der Alp gehen wir auf der Zufahrtsstraße zur ersten Kehre am Senggi-bach. Hier zweigen wir ab, überqueren den Bach und steigen auf dem klei-nen Pfad im Tälchen zwischen Moräne und Berg aufwärts. Auf etwa 2200 m Höhe erreichen wir das karge Alpgelände, wir gehen noch gut 80 Höhenme-ter weiter, bis wir ohne Schwierigkeiten nach links auf den Moränenkamm steigen können (Trittspuren). Auf dem **Kamm (3)** bieten sich wunderschöne Rast- und Aussichtspunkte. Rückweg wie Aufstieg.

Zentrale Aussichtswarte über der Gondoschlucht

Das Seehorn steht als freier Gipfel über der Gondoschlucht an der Simplonpass-Straße. Diese Wanderung eröffnet sehr interessante Ausblicke in die Ostseite der Weissmiesgruppe, wie sie nur wenige kennen; dazu bieten sich jähe Tiefblicke vom Gipfel in die Gondoschlucht und hinüber in die Südflanke des Monte Leone. Das Zwischbergental, durch das wir für diese Tour anreisen, präsentiert sich als noch ruhiges Hochgebirgstal; auf einer sehr schmalen Straße ist die weitere Auffahrt zur idyllischen Hochmoorlandschaft mit wunderschönem Lärchenbestand und kleinem See bei der Furggu möglich.

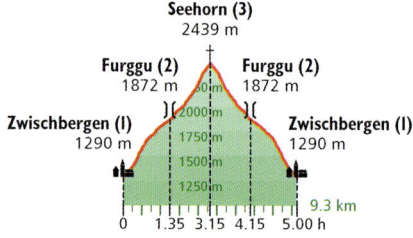

Talort und Ausgangspunkt: Zwischbergen, 1359 m; kleine Ansiedlung im gleichnamigen Tal; Parken 300 m südlich des Stausees wenig unterhalb der Ansiedlung; alternativ Auffahrt auf sehr schmaler Straße von Zwischbergen zur Furggu, 1872 m, dann dort parken.

Höhenunterschied: 1150 m von Zwischbergen, 570 m ab Furggu.

Anforderungen: Einfache Bergwanderung auf guten Wegen bis Furggu, zum Gipfel führt ein ausgetretener, unschwieriger Pfad.

Einkehr: Nur in Zwischbergen.

Vom **Parkplatz (1)** nach dem Stausee steigt man in wenigen Minuten zur Straße (die Häuser von Zwischbergen bleiben gut 250 m weiter im Süden), überquert auf ihr den von Furggu herabkommenden Graben

Das Seehorn über der Gondoschlucht.

und steigt an dessen Ostseite in vielen Serpentinen teils durch dichteren, teils aufgelockerten Lärchenbestand zu den Hütten von Chatzhalte auf. Weiter aufwärts, zuletzt auf einem Fahrweg nach **Furggu (2)**.

Auf diesem breiten Sattel zweigt unser Gipfelanstieg nach rechts ab (Wegweiser) und erreicht durch den wunderschönen Seehaltewald mit uralten einzeln stehenden Lärchen einen kleinen Moorsee (Seetole). Der Pfad steigt nun über die Südwestflanke des **Seehorn (3)** an, wo er in einigen Kehren – im mittleren Bereich etwas mühsamer über eine schottrige Passage – zum Gipfel mit dem weithin sichtbaren Sendemast führt. Der **Abstieg** erfolgt auf dem Aufstiegsweg.

Aussichtsreiche Runde hoch über Visp und dem Baltschiedertal

Diese Wanderung führt uns hoch hinauf über das Rhônetal und dann aussichtsreich auf einem tollen Höhenweg am Hang entlang ein Stück weit in das Baltschiedertal hinein. Von der Honalpa an der Waldgrenze mit herrlichen alten Bäumen haben wir den besten Überblick in das eng eingeschnittene Tal und darüber zum Bietschhorn mit dem türmereichen Felsgrat zum Stockhorn. Wer nur wenig Zeit hat, kann hier bereits umkehren und geht auf dem gleichen Weg zurück. Doch viel interessanter ist die Fortsetzung der Runde: sie führt uns über die hübsche Siedlung Erl hinunter in das Baltschiedertal und schließlich entlang der historischen Bisse Gorperi hinaus nach Eggen. Das Postauto ermöglicht diese Runde auch für Nicht-Selbstfahrer. Die anderen müssen das Fahrzeug dann wieder aus Finnu abholen (zusätzliche 300 Hm).

Die wilde Pyramide des Bietschhorn über dem Baltschiedertal.

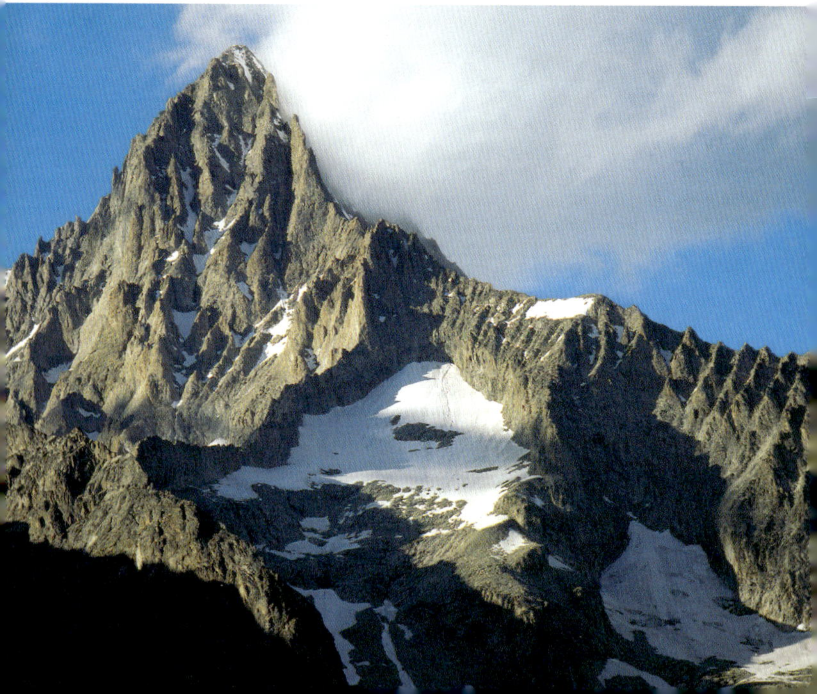

Talort: Visp, 651 m; zentraler Ort im Oberwallis. Hervorragend an das internationale Schienennetz angeschlossen.

Ausgangspunkt: Finnu, 1408 m; mit dem Postauto von Visp über Eggerberg – Eggen erreichbar (bis Finnu drei Kurse täglich von Mitte Juni bis Mitte Oktober).

Höhenunterschied: Aufstieg 650 m, Abstieg 1010 m.

Anforderungen: Bergwanderung auf teilweise schmalen Steigen, der Abstiegsweg ist zwischen Erl und Ze Steinu recht steil angelegt.

Einkehr: In Finnu und Eggen sowie Restaurant Ze Steinu im Baltschiedertal.

Vom Parkplatz der Siedlung **Finnu (1)** folgen wir dem Weg Richtung **Chastler (2).** Wir gehen jedoch nicht zu den Häusern, sondern nehmen den Fahrweg nach links in den Graben des Finnbachs und diagonal durch den Wald, bis wir an einer Geländekante bei der Kapelle **Honegga (3)** einen herrlichen Aussichtspunkt erreichen. Unser Weg biegt damit in die Steilflanke des Baltschiedertals ein, immer mit begeisternder Aussicht und manchmal auch etwas ausgesetzt zur **Honalpa (4).** Spätestens hier ist ein Platz für eine ausgiebige Rast.

Für den Weiterweg gehen wir leicht ansteigend am Hang entlang in den Graben des **Furggbaches (5),** um dann auf der anderen Seite zur kleinen

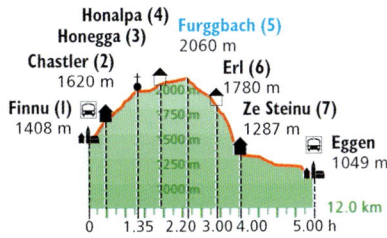

Ein hübscher Aussichtsplatz: die Kapelle auf Honegga.

Siedlung **Erl (6)** abzusteigen. Von hier führt ein steil angelegter, aber guter Weg direkt hinunter in den Grund des Baltschiedertals nach **Ze Steinu (7)**. Nach nur wenigen Metern talauswärts kommt eine **Abzweigung (8)** mit Wegweiser. Wir nehmen den Weg an der Bisse Gorperi entlang, der zunächst noch in harmloser Umgebung, dann aber bald durch wildes Felsgelände mit zahlreichen Kunstbauten aus früherer Zeit am Wässerwasser entlang in Richtung Eggen führt. Durch mehrere kurze Tunnels, an einer Stelle auch mit einem Nachbau eines Holzkännels an einer Felswand, kommen wir ohne größere Anstrengung in einem normalerweise vollkommen ungangbaren Gelände zur Straße in **Eggen (9)**.

Müheloses Wandern längs der Meisterwerke alter Wasserbaukunst

Diese Wege führen an tollkühn geführten Wasserleitungen (im Wallis Suone oder Bisse genannt) entlang in eines der wildesten Seitentäler der Rhône. Einige Passagen verlaufen dabei durch fast senkrechte Felswände mit Hilfe von »Känneln« (ausgehöhlten Baumstämmen), an anderen Stellen wurden kurze Stollen gebohrt. Erst seit 1975 wird Ausserberg durch einen 1,5 km langen Stollen mit Wasser versorgt (dieser ist als schneller Rückweg begehbar, dazu sind aber Lampen nötig!), die alte Leitung »Niwärch« wird seitdem von SAC-Mitgliedern (Sektion Thun) in freiwilligen Arbeitsdiensten unterhalten. Ausdauernde Wanderer können diese Unternehmung noch beliebig ausdehnen, wenn sie weiter dem Weg ins hinterste Baltschiedertal folgen. Die Bisse Gorperi auf der anderen Talseite ist nicht weniger spektakulär, an einer Stelle wurde ein Zehn-Meter-Kännel entlang einer Felswand nachgebaut – für Schwindelfreie begehbar (sonst durch einen kurzen Tunnel).

Talorte: Visp, 651 m; Brig, 684 m; Verkehrsknotenpunkte mit sehr guten nationalen und internationalen Bahnverbindungen.

Ausgangspunkt: Ausserberg, 931 m. Postauto von Visp bzw. BLS-Regionalzug von Brig.

Endpunkt: Eggen, 1059 m. Postauto nach Visp oder zu Fuß in 20 Min. zur Station Eggerberg (852 m) der BLS nach Brig. Zu Fuß auf BLS-Südrampenweg in 1½ Std. von Eggerberg nach Ausserberg zurück.

Höhenunterschied: 230 m.

Anforderungen: Wenig anstrengende Wanderung auf guten, wenn auch teilweise sehr ausgesetzten Wegen. Schwindelfreiheit unbedingt nötig, für kleinere Kinder Seil!

Einkehr: In Ausserberg, Ze Steinu, Eggen und Eggerberg.

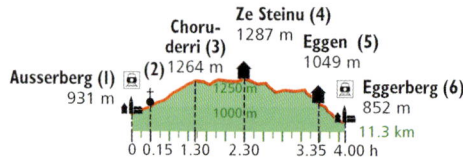

Vom Bahnhof **Ausserberg (1)** in wenigen Minuten zum **Dorfplatz (2)** mit der Postauto-Haltestelle. Wir folgen der Straße in östlicher Richtung aufwärts aus dem Ort hinaus, den Lowigraben querend und über die teils landwirtschaftlich genutzte, dann auch waldbestandene Hangflanke nach **Choruderri (3)**, wo die Straße eine Kehre

Mit geringem Gefälle wurde die Wasserleitung durch die Felsflanke gebaut.

am Abbruch vor dem Baltschiedertal macht und unser Wasserleitungsweg beginnt. Dieser führt nun fast ohne Steigung in die Flanke hinein, an Felskanten vorbei, tiefe Gräben querend, an mehreren Stellen recht ausgesetzt durch Fels oder auch Schuttreisen geführt. Knappe 2 km ist diese Wasserfuhre so ausgesetzt geführt, und wenn wir genau hinschauen, sehen wir immer wieder Spuren der alten Kännel und deren Befestigungen am Fels. Dann wird das Gelände ein wenig zahmer, knapp unter uns erkennen wir die neue, zum Tunnel führende Leitung. Wir können gleich dorthin absteigen oder besser unserem Weg weiter folgen bis nach **Ze Steinu (4)** kurz vor der Wasserfassung (Kapelle und bewirtschaftete Alphütte).

Spektakulär: Nachbau eines Holzkännels an der Bisse Gorperi entlang der Felsen.

Für den Rückweg gehen wir etwa 300 m am Weg zurück, dort zweigen wir nach links zur Brücke über den Baltschiederbach ab. Auf der anderen Bachseite zunächst noch wenig spektakulär, nach ein paar Hundert Metern dann jedoch abrupt in felsiges Gelände eintretend, geht es nun auf diese nicht weniger wilde Wasserfuhre. Anfangs unterhalb einer Felswand, dann zunehmend ausgesetzt quer durch die Flanke mit zahlreichen kurzen Tunnels folgen wir der Bisse Gorperi talauswärts, an einer Stelle ist ein Kännel in einer Felswand restauriert worden und kann sogar sehr ausgesetzt begangen werden (auch durch einen Tunnel zu umgehen). Dann biegt der Weg zum Graben des »Teiffe Bach« ab, verlässt dort die Wasserleitung und zieht nach **Eggen (5)**, Postauto-Halt, hinab. Ein kurzer, steiler Abstieg bringt uns dann zum Bahnhof **Eggerberg (6)**.

Natur und Technik – hier einmal in vollendeter Synthese

Diese eindrucksvolle Wanderung führt uns in das scharf eingeschnittene Bietschtal, wo wir wiederum historische, teils auch noch intakte Wasserleitungen durch atemberaubend steile Felswände erleben können. Der stählerne Bahnviadukt zwischen den Tunnelportalen in den beiden Steilflanken, auf dem wir am Rückweg die Schlucht in über 70 m Höhe zu Fuß überqueren, wird uns sicher auch dann beeindrucken, wenn wir nicht eingefleischte Eisenbahnfans sind. Das gilt natürlich ganz besonders, wenn man dabei das Vorbeidonnern eines Zuges miterlebt, und selbst nach der Eröffnung des Lötschberg-Basistunnels fahren immer noch viele schwere Güterzüge und natürlich die Regionalzüge »über den Berg«!

Der Lötschberg-Südrampenweg wurde von der BLS vor mehr als 100 Jahren für den Bahnbau eingerichtet und ist durchgehend von Hohtenn bis Lalden markiert. Der Weg ist sicher kein Geheimtipp, doch die Wanderer verteilen sich selbst in der Hochsaison sehr gut. Der hier beschriebene Abschnitt stellt das interessanteste Teilstück dar und kann wegen seiner Kürze zu jeder Tageszeit mit Genuss begangen werden.

Talort und Ausgangspunkt: St. German, 757 m. Idyllisches Dorf über den Weinbergen im Rhônetal. Postauto von Visp (ca. zehn Kurse täglich). Parkmöglichkeiten in Visp und am Ortsbeginn von St. German (wenige Plätze).

Höhenunterschied: 350 m.
Anforderungen: Wenig anstrengende Wanderung auf sehr guten Wegen.
Einkehr: Kiosk an der Tunneleinfahrt unterhalb der Hütten von Ritzobode, etwa von Juni bis Oktober tagsüber geöffnet.

Vom **Parkplatz (1)** durch St. German zum Wegbeginn. Der Weg führt zunächst kurz und steil in zwei Kehren zu einer Wasserleitung und gleich darauf zum **Riedgarto (2)**, einem schönen Felssturzgelände mit herrlichen Rast- und Aussichtsplätzen. Damit hat man auch den größten Teil des Anstieges bereits hinter sich. Nun auf dem fast ebenen und breiten Weg talein zum **Viadukt (3)**. Dieser bleibt aber vorerst links liegen, man geht weiter zur natürlichen Brücke über die tiefe Klamm des **Bietschbaches (4)**.

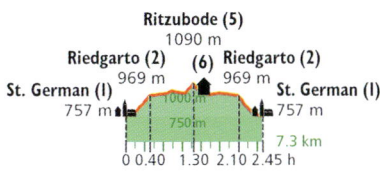

Blick vom Südrampenweg auf den Bietschtal-Viadukt.

Jenseits noch kurz bergauf bis zu dem dort ins hintere **Bietschtal** führenden Weg. Wir gehen jedoch talauswärts, gut 100 m über dem Viadukt vorbei, nach **Ritzubode (5)**. Ein kurzer Abstieg an den Bahntunnel bringt uns zum **Kiosk (6)**. Nur wenige Meter folgen wir nun der Fahrstraße Richtung Raron, gleich an der ersten Kehre zweigt an einem Wegweiser der Weg wieder ins Bietschtal ab und führt uns höhengleich durch mehrere kurze Tunnels zum **Viadukt (3)** zurück.

Direkt neben den Gleisen können wir auf ihm die Schlucht überqueren und sind damit wieder auf unserem Anstiegsweg, auf dem wir nach **St. German (1)** zurückkehren.

Ritzubode (5)
1090 m

Riedgarto (2)   (6)   Riedgarto (2)
969 m   969 m

St. German (I)   St. German (I)
757 m   757 m

1000 m

750 m

7.3 km

0 0.40   1.30 2.10 2.45 h

Lehrpfad zum höchstgelegenen Weinberg Mitteleuropas

Im Rebberg sind Informationstafeln über die hier angebauten Weinsorten aufgestellt, wobei im Bereich der weißen Sorten die wichtigsten Reben der Chasselas (Gutedel, Fendant), Gros Rhin (Johannisberg) und die älteste Rebsorte im Wallis, der Heida, sind – bei den Roten ist es der Pinot Noir, der zusammen mit dem Gamay gekeltert den bekannten und beliebten Dôle ergibt.

Ober- und Unterstalden sind kleine, noch weitgehend im alten Stil erhaltene Weiler, auch unser Zielort Visperterminen bietet ein sehenswertes, altes Dorfzentrum mit engen Gassen zwischen den Häusern. In Unterstalden befindet sich die St. Jodernkellerei, eine Genossenschaft für viele Weinbauern, die selbst oft nur jeweils kleine Parzellen bewirtschaften. Wer an Führungen oder Weindegustationen interessiert ist, sollte sich im Verkehrsamt Visp oder der Jodernkellerei erkundigen. Wer lieber bergab unterwegs ist, fährt mit dem Bus nach Visperterminen, wo am Bushalt ein Wegweiser den Beginn des Heida-Rebenweges anzeigt.

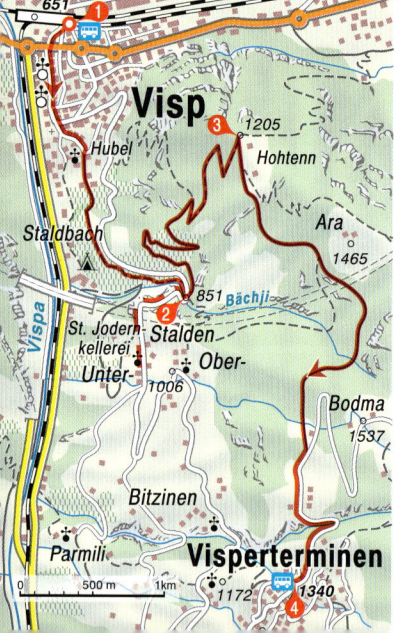

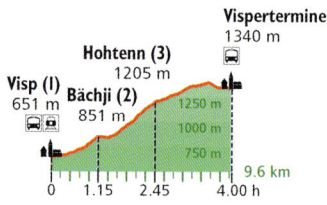

Talort und Ausgangspunkt: Visp, 651 m; Kleinstadt an der Mündung der Vispa ins Rhônetal, Abzweigung der Bahnlinie nach Zermatt und der Fahrstraßen nach Täsch (Zermatt) und Saas-Fee.

Endpunkt: Visperterminen, etwa 1340 m; Postautoverbindung mit Visp (dichter Fahrplan, etwa neun Verbindungen täglich).

Höhenunterschied: 750 m im Aufstieg, 60 m im Abstieg.

Anforderungen: Einfache Wanderung auf guten und markierten Wegen.

Einkehr: Gasthäuser in Visp, Staldbach und Visperterminen.

Die Reben des Visper Sonnenberg von gegenüber, von Zeneggen her gesehen.

Vom Bahnhof **Visp (1)** geht man die Bahnhofstraße in das alte sehenswerte Zentrum und weiter in südlicher Richtung am Friedhof vorbei zum ersten Weinberg (Hubel, Wegweiser). Wenig unterhalb der Straße nach Visperterminen führt der Weg durch die Reben in den Graben **Bächji (2)**, in dessen Grund man die Straße überquert (von hier Abstecher in 10 Min. zur Kellerei). Nun geht man auf dem breiten Weg in großen Kehren durch den Rebberg mit den höchstgelegenen Rebstöcken Mitteleuropas, auf Tafeln findet man interessante Informationen über den Weinbau in dieser Region. Oben gelangt man in den Wald und zur aussichtsreichen Lichtung **Hohtenn/Hotee (3)**. Der Weg steigt nur mehr kurz an, dann leitet er fast eben und aussichtsreich bis nach **Visperterminen (4)**.

97

Wenig anstrengende Wanderung zu einem interessanten Aussichtspunkt

Diese kleine Rundwanderung führt uns auf einen interessanten Sattel mit wunderschönen Blicken auf die gegenüberliegende Weisshorngruppe und auch das im Gibidumsee sich spiegelnde Fletschhorn. Am weiten Rücken des Gibidum (auch Gebidum genannt) steht eine Sendestation, doch die kann die tollen Ausblicke auf die Berner Alpen mit dem Bietschhorn und hinunter nach Brig und Visp im Rhônetal nicht beeinträchtigen.
Wem diese Runde zu wenig Bewegung bringt, sollte den Abstieg an der Antoniuskapelle vorbei durch einen schönen Bergwald nach Visperterminen (Kapellenweg) wählen.

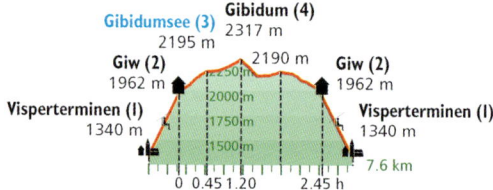

Am Gibidumsee, das Fletschhorn spiegelt sich im Wasser.

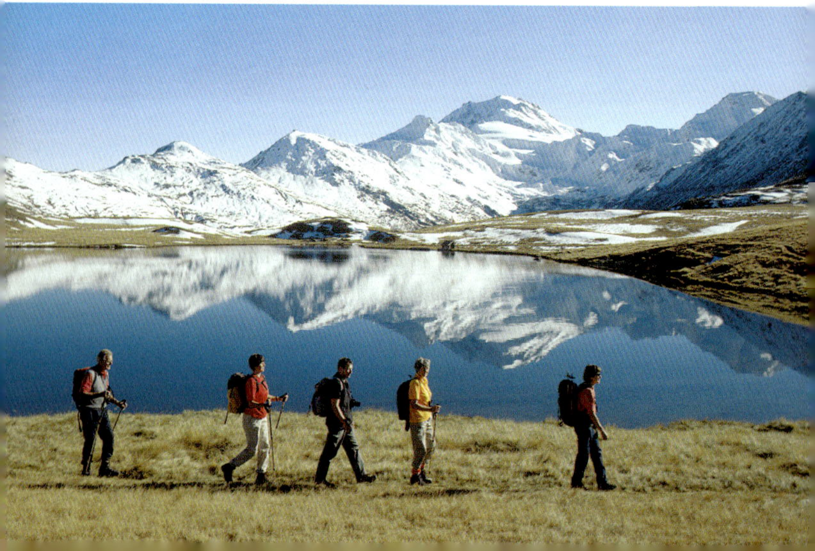

Bei Visperterminen: Kirschbäume, Berberitzen und andere Flammenwunder des Herbstes.

Talort und Ausgangspunkt: Visperterminen, etwa 1340 m; schöne Siedlung in aussichtsreicher Lage hoch über dem Vispatal. Postautoverbindung mit Visp (dichter Fahrplan, etwa neun Kurse täglich). Von Visperterminen mit dem Sessellift zur Bergstation Giw, 1962 m; Restaurant.
Höhenunterschied: 405 m.
Anforderungen: Gute Wanderwege.

Von **Visperterminen (1)** mit der Sesselbahn zur Bergstation **Giw (2)**. Von dort führt der breite Weg kurz über die Pistenschneise ostwärts zur Stafel und dann über freies Gelände zum Pass. Am kleinen **Gibidumsee (3)** biegen wir nach Norden ab und gehen auf dem aussichtsreichen Höhenrücken zum breiten Höcker des **Gibidum (4)** mit seinen Sendeanlagen.

Für den Abstieg halten wir uns auf dem nach Norden hinabführenden Weg, in zwei kleinen Stufen kommen wir an eine Verflachung, wo der Weg nach Westen und dann nach Süden abbiegt und mit nur wenig Höhenunterschieden immer an der Baumgrenze entlang wieder zum Aufstiegsweg zurückführt, etwa in halber Höhe zwischen Gibidumsattel und Giw. Herrliche Vordergründe für die begeisternde Aussicht auf der gesamten Tour! Schließlich am breiten Weg zur Station **Giw (2)** zurück.

Aussichtsbalkon hoch über dem Saastal

Der Gsponer Höhenweg ist einer der »Vorzeige-Höhenwege« des Wallis, immer im Bereich der Waldgrenze bietet er durchgehend großartige Ausblicke auf die gegenüberliegenden Gipfel der Mischabelgruppe und hinunter ins Saastal. Er hat dabei aber auch einen historischen Hintergrund: der vordere Bereich des Saastals war in früheren Zeiten nicht begehbar, daher führten die Handels- und Säumerpfade zwischen dem Wallis und Oberitalien von Stalden den Berg hinauf nach Gspon und dann hoch oben am Hang entlang bis nach Heimischgartu; erst hier konnte man wieder hinab in den Talboden nach Saas-Balen/Saas-Grund (und dann in der Fortsetzung zum Monte-Moro-Pass und nach Macugnaga, siehe auch Tour 27). In Gspon steht eine Kapelle mit martialischem Kruzifix aus dem Jahr 1694.

Wer die Tour etwas abkürzen will (z.B. im Spätherbst, wenn die Kreuzboden-Bahn nicht mehr fährt), kann von Lindeboden zum Restaurant Heimischgartu abzweigen und dann über Ober- und Unter-Brend, Tewaldji und Bodme nach Saas-Grund absteigen, dieser Weg führt wechselnd über freies, aussichtsreiches Gelände und schöne Waldstücke.

Am Gsponer Höhenweg, über dem Saastal die Balfringruppe.

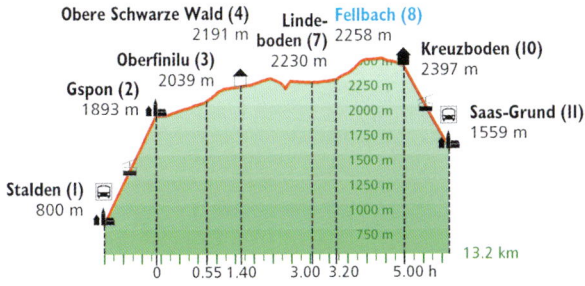

Herbstliche Farbenpracht am Siwiboden oberhalb von Saas-Balen.

Talort und Ausgangspunkt: Stalden, etwa 800 m; oberhalb der Vereinigung der Vispertäler gelegen, altes Dorfzentrum. Saas-Grund, 1559 m, Hauptort im Saastal. Busverbindung mit Visp über Stalden. Mit der Seilbahn von Stalden nach Gspon, 1893 m, kleine Siedlung hoch über Stalden. Nicht mit dem Auto erreichbar.

Höhenunterschied: Im Aufstieg 720 m, im Abstieg 210 m.

Anforderungen: Breite Wege mit ausreichender Markierung.

Einkehr: Gasthäuser in Gspon; Restaurationsbetrieb auf der Station Kreuzboden, www.hohsaas.ch. Das Restaurant Heimischgartu, 2100 m, ist in einem zehnminütigem Abstieg vom Lindeboden erreichbar (geöffnet im Sommer, Übernachtungsmöglichkeit; Tel. 027/9572920), Rückkehr zum Höhenweg in gut 20 Minuten.

Obere Schwarze Wald (4) 2191 m
Lindeboden (7) 2230 m
Fellbach (8) 2258 m
Kreuzboden (I0) 2397 m
Oberfinilu (3) 2039 m
Gspon (2) 1893 m
Saas-Grund (II) 1559 m
Stalden (I) 800 m

2250 m
2000 m
1750 m
1500 m
1250 m
1000 m
750 m

13.2 km

0 0.55 1.40 3.00 3.20 5.00 h

Schwarze Wald (4) und quert nochmals weitere tiefe Gräben – dann ist
die Mattwaldalp mit der Alphütte **Fä-
riga (5)** erreicht. Ein kleiner Abstieg
bringt uns zum Mattwaldbach, dann
geht's wieder aufwärts zur Alpebene
des **Siwinebodens (6)** und durch
eine schöne Felszone leicht abwärts
zum **Lindeboden (7)**. Weiter geht es
ziemlich eben in den Grund des **Fell-
baches (8)**, der Saas-Balen früher
arg mit Hochwasserausbrüchen bedroht hat. Schließlich passiert man
die Hütten von **Grüebe (9)** und wandert auf dem Weg unter dem Jegi-
horn vorbei mit immer schöneren
Ausblicken in den Kessel von Saas-
Fee zur Station **Kreuzboden (10)**.
Mit der Gondelbahn nach **Saas-
Grund (11)**, zu Fuß etwa 1¼ Std.

Von **Stalden (1)** mit der Seilbahn
nach **Gspon (2)** und auf breitem
Weg in südlicher Richtung durch blumenreiche Alpwiesen zu dem Lär-
chen- und Zirbenwald, den man fast
eben bis oberhalb der Hütten von
Bord quert. Gleich dahinter, an der
Alp Oberfinilu (3), steigt der Weg
etwas an und überquert darauf einige
steile Runsen längs der kunstvoll angelegten Wasserleitung. Man gelangt
zur herrlich gelegenen Hütte **Obere**

Aussichtsbalkon gegenüber den Viertausendern der Mischabelkette

Dieser Weg ist praktisch die Fortsetzung des Gsponer Höhenweges (man müsste dazu dann auf der Weissmieshütte übernachten); wir beschreiben diesen Aussichtsbalkon jedoch in umgekehrter Richtung und können dann je nach Laune mit der Kabinenbahn ins Tal abfahren oder auch zu Fuß auf dem landschaftlich zwar sehr reizvollen, aber auch etwas kniequälenden Weg nach Saas-Grund gelangen. Großartige Sicht auf die Mischabelkette haben wir schon beim Anstieg zur Almageller Alp. Später, auf dem Höhenweg, öffnet sich das Panorama dann in aller Pracht.

Eine Übernachtung auf der Almageller Alp ist für diese Wanderung nicht nötig, kann aber sehr empfohlen werden: Dann beginnt man nämlich den Höhenweg schon früh am Morgen und kann das Licht der aufgehenden Sonne an den gegenüberliegenden Gletscherbergen so richtig genießen.

Das Berghaus Almageller Alp bietet willkommene Rast.

Vom Höhenweg hat man diesen Prachtblick auf den Kessel von Saas-Fee mit den Viertausendern des Mischabelkamms.

Talort und Ausgangspunkt: Saas-Almagell, 1670 m. Ruhiger Urlaubsort im Saaser Tal. Postautoverbindung mit Saas-Grund (etwa stündlich). Anschluss an die Postautolinien nach Saas-Fee und Visp.

Höhenunterschied: 880 m im Aufstieg, 140 m Abstieg bis Kreuzboden, 980 m bis Saas-Grund.

Anforderungen: Unschwierige Bergwanderung auf guten Wegen, an der Weissflue wird allerdings eine ziemlich steile Flanke gequert – auch hier ist der Steig gut, aber man sollte schon trittsicher und schwindelfrei sein.

Einkehr: Berghaus Almageller Alp, 2194 m (offen im Sommer mit Restaurationsbetrieb und guten Übernachtungsmöglichkeiten in Zimmern und Lagern, Tel. 027/9571179), www.almagelleralp.ch. Restaurant Station Kreuzboden, 2397 m. Triftalp, 2072 m (offen im Sommer, Restaurationsbetrieb und Übernachtungsmöglichkeiten).

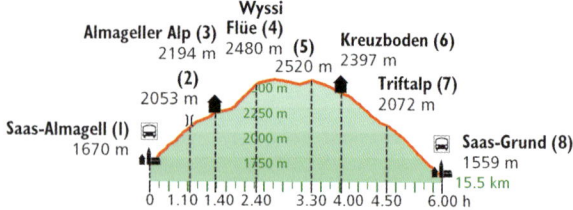

Der Weg beginnt in **Saas-Almagell (1)** am Parkplatz unter der Schlucht des Almageller Baches und führt in einigen Kehren durch lichten Lärchenbestand zur Brücke **Chüelbrunnji (2)**, 2053 m, oberhalb der Schlucht. Nur noch schwach ansteigend leitet der Weg dann nördlich des Baches zum Berghaus **Almageller Alp (3)**. Von der Hütte steigen wir über das Alpgelände bis oberhalb der Felsen der **Wyssi Flüe (4)**, Weissflue, wo die horizontale Panorama-Querung auf der oberen Trasse – der höchste Punkt ist **2520 m (5)** – bis zum Triftkessel beginnt. Schließlich oberhalb der Triftalp leicht fallend zur Station **Kreuzboden (6)**.

Auf dem Fußweg, anfangs im Bereich des Fahrwegs, dann über das Wiesengelände der Alp zu den Hütten von **Trift (7)** absteigen. Von hier aus in kurzen Serpentinen steil durch den schönen Lärchenwald direkt nach **Saas-Grund (8)**.

Zur bekanntesten Aussicht in die höchste Wandflucht der Alpen

Die Ostwand des Monte-Rosa-Massivs ist die höchste Wandflucht der gesamten Alpen. Auf mehreren Kilometern Breite bricht hier eine Fels- und Eiswand von über 4500 Meter hohen Gipfeln zum Becken des Belvederegletschers auf ca. 2000 m ab. Der Monte-Moro-Pass ist schon seit vielen Jahrhunderten ein rege benutzter Übergang: Der obere Bereich des Macugnagatals wurde von Walsern aus dem Wallis her besiedelt; einige Walser-Relikte, insbesondere im Baustil alter Häuser und bei den Flurnamen, haben sich bis heute erhalten. Die Ostwand des Monte Rosa pflegt sich an schönen Sommertagen gerne schon sehr früh hinter Quellwolken zu verbergen (im Bereich des Monte-Moro-Passes beginnt die Wolkenbildung fast immer als Erstes im weiten Umkreis). Außerdem liegt die Wand am Nachmittag zunehmend im Schatten – ein entsprechend früher Aufbruch im Tal ist deshalb sehr zu empfehlen!

Die Ostwand des Monte Rosa, von links Signalkuppe, Zumsteinspitze, Dufourspitze und Nordend.

![Die Ostwand des Monte Rosa]

Talort: Saas-Almagell, 1670 m. Ruhiger Urlaubsort im Saastal. Es besteht eine Postautoverbindung mit Saas-Grund (etwa stündlich bei 8 Min. Fahrzeit), Anschluss an die Postautolinien nach Saas-Fee und Visp.

Ausgangspunkt: Restaurant am Mattmark-Stausee, 2176 m, im Sommer Fahrstraße und Busverbindung von Saas-Almagell (etwa zehn Kurse täglich). Gute Parkmöglichkeiten am Restaurant.

Höhenunterschied: 660 m.

Anforderungen: Unschwierige Bergwanderung (Fahrweg bis zum südlichen See-Ende), vom Tälliboden markierter Steig zum Pass auf dem alten Handelsweg aus dem 13. Jahrhundert.

Einkehr: Rifugio Paolo Mavoli, 10 Min. westlich unterhalb der Passhöhe auf der italienischen Seite gelegen (Ausweis nicht vergessen), Tel. 0324/65544, Bergstation der Seilbahn von Macugnaga. Restaurant Mattmark.

Vom **Restaurant (1)** geht man kurz zum **Mattmark-Stausee (2)** hinauf und folgt dem Fahrweg am Westufer des Sees leicht aufwärts durch zwei kurze Tunnels und dann fast eben bis zu dessen Südzipfel – das Mattengelände des Grienberg genannten Hanges am Wegesrand ist bekannt für seinen Blumenreichtum. Bei der Brücke an der **Distelalp (3)** nimmt man den weiter taleinwärts ziehenden Pfad. Mäßig ansteigend gelangt man ins Tälli und nach einer weiteren Brücke über eine Geländestufe zum **Tälliboden (4)**. Auf einem großen Felsblock sind wieder Zeichen aufgemalt, sie weisen unmissverständlich zur felsdurchsetzten Flanke des Monte Moro, durch welche die historische Weganlage aus dem Mittelalter auf natürlichen Bändern und kunstvollen Steinplatten-Treppen in nahezu gleicher Richtung

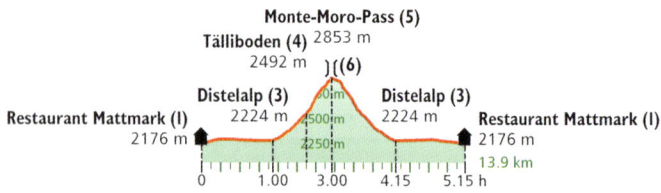

Auf mittelalterlicher Weganlage oberhalb des Tällibodens.

zum **Monte-Moro-Pass (5)** führt. Wenig westlich oberhalb der tiefsten Ein-schartung steht eine große **Marienstatue (6)** auf dem Grenzkamm und mar-kiert einen besonders schönen Aussichtspunkt; auf der Südseite ist wenig tiefer das Rifugio Paolo Mavoli zu sehen.

Der Rückweg verläuft auf dem Anstiegsweg. Am Stausee angekommen, kann man auch den Weg entlang des Ostufers nehmen – man gewinnt damit noch einige interessante Ausblicke auf das Strahlhorn und verlängert die Wanderung nur um 10 Minuten.

Auf einem großartigen Panoramasteig zu einem hochalpinen Hüttenplatz

Von Saas-Fee aus beträgt der Höhenunterschied zu der über weiten Gletschern gelegenen Britanniahütte fast 1300 Meter. Bei unserer Runde können wir das um mehr als die Hälfte mit der Auffahrt nach Plattjen abkürzen und bewegen uns dann beim Hinweg weit abseits des Skigebiets auf einem alpinen Steig. Dafür bekommen wir beste Aussichten über das obere Saastal und die gegenüberliegende Weissmiesgruppe geboten. Allerdings dürfen wir dabei nicht vergessen, dass wir uns hier auf 3000 Meter Höhe bewegen, da kann es auch im Hochsommer schnell winterlich werden und bei Nebel, Regen oder gar Gewitter wird's reichlich ungemütlich!

Unser Wanderziel führt uns in eine schon richtig hochalpine Umgebung, denn der Blick vom Hüttenplatz in Richtung Strahlhorn ist von gewaltigen Gletscherströmen geprägt. Gut sind die Spuren der Bergsteiger zu sehen, und die Weite ist zu erahnen, wenn man die winzigen Punkte der Seilschaften auf diesen Flächen erkennt. Vom nahe gelegenen Klein Allalin ist die Aussicht nochmals umfassender.

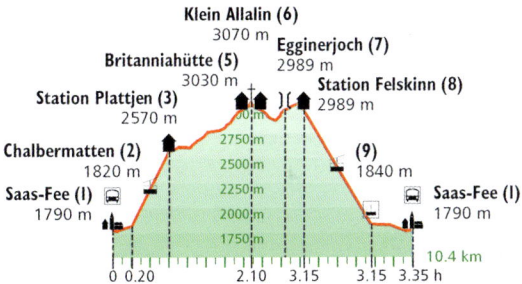

Talort und Ausgangspunkte: Saas-Fee, 1790 m. Saas-Fee ist autofrei, am Ortsbeginn große gebührenpflichtige Parkplätze und Parkhäuser. Postautoverbindung mit Visp über Saas-Grund (etwa stündliche Fahrten zwischen 6:30 und 19:30 Uhr). Mit der Gondelbahn von Saas-Fee-Kalbermatten zur Bergstation Plattjen, 2570 m (Betrieb von Anfang Juli bis Mitte Oktober). **Höhenunterschied:** 580 m. **Anforderungen:** Gut markierte Wege.

Der kleine und spaltenlose Chessjengletscher ist nicht steil und kann mit gutem Schuhwerk normalerweise ohne Probleme begangen werden – bitte aktuelle Informationen im Tal einholen. **Einkehr:** Britanniahütte, 3030 m (SAC, Sektion Genf; Verpflegung und Übernachtungsmöglichkeit – Voranmeldung, Tel. 027/9572288, www.britannia.ch); Bergstation Plattjen, 2570 m, www.plattjen.com, und Felskinn, 2989 m (Restauration).

In **Saas-Fee (1)** gehen wir nach Saas-Fee **Chalbermatten (2)** und fahren mit der Gondelbahn zur **Station Plattjen (3)** hinauf. Von dort gelangt man in wenigen Schritten zu einem gewaltigen Blockfeld mit besonders schöner Aussicht ins Saastal. Gut markiert führt der Weg durch diese Halde und weiter auf einem Band in der steilen Flanke unter dem Mittagshorn in das weite Kar des Meiggertals (Steinschlaggefahr in den Rinnen, hier lebt eine große Steinbock-Kolonie); jenseits bequem zum **Heidefriedhof (4)**, einer herrlichen Rast- und Schaukanzel. Auf einem kurzen Band wandert man in den

Geröllkessel unter dem Chessjengletscher, über den man schräg zur nahen **Britanniahütte (5)** aufsteigt. Von der Hütte nach Osten kurz in den Sattel hinab und über den manchmal schneeigen, oben schuttbedeckten Rücken zum nahen Gipfel des **Klein Allalin (6)**.

Der früher übliche fast höhengleiche Querweg über das Egginerjoch zur Station Felskinn ist heute wegen Steinschlag allenfalls früh in der Saison möglich. Daher geht man auf dem Aufstiegsweg etwa 100 Hm hinab, dann zweigt man nach NW (links) ab und steigt zum **Egginerjoch (7)** auf. Schließlich nach weiteren 50 Hm Aufstieg leicht absteigend nach **Felskinn (8)** und mit der Gondelbahn hinab zur **Talstation (9)**.

Auf der anderen Seite des Saastals stehen Weissmies (rechts), Lagginhorn und Fletschhorn.

Ein Weg, dessen Beschreibung durch Carl Zuckmayer in die Weltliteratur eingegangen ist

In der »Saaser Chronik« heißt es für das Jahr 1700: »Die glücklichen Zeiten gehen noch fort, der Wohlstand der Thalbewohner wächst immer mehr…« So soll die »Hohe Stiege« ein Wallfahrtspfad werden. Dafür eignet sich die aufwendige Anlage eines Kapellenweges mit 14 Kapellen und einem Kirchlein. Auf der Wanderung an diesen 15 Stationen vorüber können sich die Beter in das Leben Jesu, in die 15 Geheimnisse des Freudenreichen, des Schmerzhaften und des Glorreichen Rosenkranzes versenken. Zusammengefasst nennt sich diese Form des Gebetes »Psalter« und besteht so aus 15 Vaterunser, Ehre sei dem Vater und 105 Ave Maria.

1709 übernimmt »jede Haushaltung des Viertels Fee« den Bau einer solchen Kapelle. Wenig später schon wird die »Hohe Stiege« ein viel besuchter Wallfahrtsweg, denn die 14 Kapellen erhalten halbmetergroße, holzgeschnitzte Figuren »von hart ausgeprägter, primitiver Realistik, besonders was die Folterknechte, die Geissler, die Soldaten und Spötter anlangt …« wie Carl Zuckmayer schreibt.

Die Anlage des uralten Weges ist vom ersten Schritt an beeindruckend. Neben- und übereinander geschichtete, von zahllosen Begehungen rundgescheuerte Steine wechseln ab mit vom Gletscher geschliffenen Felsrücken, deren innere Strukturen somit sichtbar werden: Wundervoll geschwungene Linien verschiedenfarbiger Gesteine, von Quarzbändern durchzogen. Der Pfad, mehrfach auch in den Fels geschlagen, windet sich in lichtem Lärchenwald empor, vorüber an den 14 begleitenden Kapellen mit der figürlichen Darstellung des Lebens Jesu in den Rosenkranz-Geheimnissen und führt schließlich zur kleinen Wallfahrtskirche »Maria zur Hohen Stiege«. Von dort nach Saas-Fee sind es dann nur noch 70 Stufen.

Talort und Ausgangspunkt: Saas-Grund (Dorf), 1560 m. Hauptort des Tals. Viele Hotels und private Quartiere. Campingplätze. Stündliche Busverbindungen von Visp/Stalden und Saas-Fee. Parkmöglichkeiten in Saas-Grund und an den Campingplätzen.

Höhenunterschied: 240 m.

Anforderungen: Klassisch schöner, einfacher Wanderweg über der Schlucht der Feevispa, oft Geländer auf der Talseite. Für Kinder ideal geeignet.

Einkehr: In Saas-Grund und Saas-Fee.

Der meisterhaft in Felsfluchten gelegte Wallfahrtsweg Saas-Grund – Saas-Fee.

Vom Ortszentrum **Saas-Grund (1)** folgt man zunächst der Straße Richtung Saas-Almagell einen guten Dreiviertelkilometer, bis nach rechts eine Zufahrtsstraße zu einem Campingplatz auf der anderen Seite der Saaser Vispa abzweigt. Wir gehen über diese Brücke, am **Campingplatz (2)** nach Süden an der Feevispa noch ein kurzes Stück, bis der **Kapellenweg** nach rechts aufwärts abbiegt. Diesem folgen wir, hoch über der Schlucht der Feevispa bis nach **Saas-Fee (3)**.

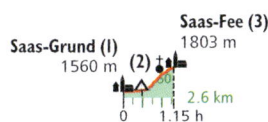

Eindrucksvolle Wanderung hoch über den Vispertälern

Die zwei Bergbahnen von Grächen ermöglichen eine nicht besonders an-strengende, aber sehr eindrucksvolle Wanderung hoch über dem Saastal. Doch schon der morgendliche Blick von Grächen oder besonders dann vom Seetalpass zum Weisshorn ist einfach eine Schau! Der Gipfelkamm um das Seetalhorn befindet sich in einem Zustand weitestgehenden Zerfalls, die mo-nolithischen Gipfelfelsen scheinen allen Gesetzen der Schwerkraft Hohn zu sprechen und überragen beidseitig ein gewaltiges Trümmermeer – das See-tal auf der Ostseite macht dabei den Eindruck einer regelrechten Mondland-schaft. Die große Querung unter dem Distelhorn vermittelt wieder besonders schöne Blicke in das Saastal und auf die gegenüberliegenden Gipfel der Weissmiesgruppe.

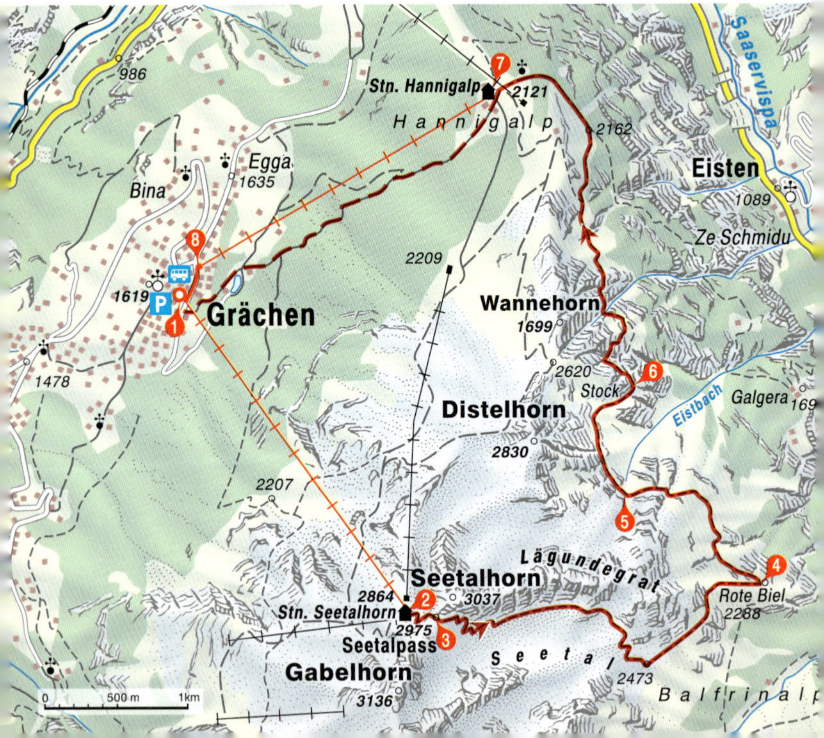

Weisshornblick vom Seetalpass.

Talort und Ausgangspunkt: Grächen, etwa 1600 m. Busverbindung mit St. Niklaus (14 Kurse täglich). Parkplätze im Ort gebührenpflichtig. Auffahrt mit der Gondelbahn zur Bergstation Seetalhornbahn, 2864 m.
Höhenunterschied: Ca. 240 m Aufstieg, 980 m Abstieg.
Anforderungen: Teilweise steiles Gelände, aber ohne Schwierigkeiten begehbar, zum Teil sehr ausgesetzt, daher Schwindelfreiheit unbedingt notwendig!
Einkehr: Restaurants an den Bergstationen der Bergbahnen.

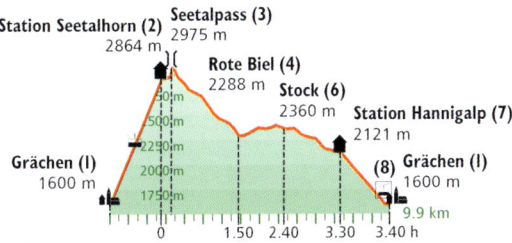

Von **Grächen (1)** fahren wir mit der Gondelbahn zur **Bergstation der Seetalhornbahn (2)** und steigen auf dem Weg in einigen Serpentinen durch die Trümmerhalde kurz hinauf zum **Seetalpass (3)**, 2975 m. Auf der anderen Seite nur wenige Meter etwas steiler abwärts, dann in angenehmerem Gefälle auf der Nordseite des trümmergefüllten Seetals zum unteren Ende des Lägundegrates an der Balfrinalp und über **Rote Biel (4)** gut 100 m hinab zum Höhenweg Grächen – Saas-Fee. Der angenehme Weg führt in den Kessel des **Eistbaches (5)**, durch teilweise atemberaubend steile Flanken, und auf der anderen Seite um den **Stock (6)** herum – er zeichnet sich durch besonders schöne Sicht aus. Quer durch die Ostseite des Wannehorn gelangt man an den Rücken der **Hannigalp (7)**, wo man die hier mit besonders schönen Zirbenbeständen aufwartende Waldgrenze erreicht. In wenigen Schritten zur Bergstation der Gondelbahn. Abfahrt mit der Seilbahn zur **Talstation (8)** und zurück zum Ausgangspunkt in **Grächen (1); zu Fuß etwa 1¼ Std.

Interessanter Anstieg zu herrlicher Aussichtswarte über dem Mattertal

In Gasenried hat der Bauboom der vergangenen Jahrzehnte noch nicht das historische Dorfbild zerstört. Die den steilen Hängen abgerungenen Wiesen und Felder legen noch immer Zeugnis der überaus beschwerlichen Bergbauernarbeit ab. Das Grathorn ist Eckpunkt des »Europaweges«, eines neuen, in ganz kurzer Zeit berühmt gewordenen Höhenweges (wir haben ihn im Rother Wanderbuch »Wallis« beschrieben). Als alpiner Bergsteig verbindet er hoch über dem Mattertal Grächen mit Zermatt. Unser Ziel bietet großartige Sicht auf die Weisshorngruppe, vor allem auf das Brunegghorn und das Weisshorn selbst sowie zu den Berner Alpen.

Talort und Ausgangspunkt: Gasenried, 1659 m, kleine Siedlung am Südende der Grächener Sonnenterrasse hoch über St. Niklaus. Busverbindung mit St. Niklaus (etwa sieben Kurse täglich), kleiner Parkplatz im Ort.
Höhenunterschied: 830 m.
Anforderungen: Gut bezeichneter Weg, streckenweise jedoch ziemlich steil angelegt.
Einkehr: Keine Einkehrmöglichkeit.

Von **Gasenried (1)** geht man auf dem ebenen Sträßchen in 10 Minuten zu der kleinen Kapelle **Schalbettu**. Man folgt hier dem mit »Bordierhütte« bezeichneten Weg über den **Riedbach (2)**, den Abfluss des Riedgletschers, jenseits noch wenige Meter ziemlich eben, bis nach links bei einem Wegweiser ein Steiglein schräg aufwärts durch den lichten Wald abzweigt. Diesem folgen wir aufwärts, bald kommen wir an eine große Kehre (Einmündung eines direkten Weges von St. Niklaus) und steigen weiter bergauf im Bergwald bis auf eine Höhe von fast 2000 m. Hier befindet sich ein **Abzweigung (3)** zum Riedgletscher und zur Bordierhütte. Unser Weg wendet sich wieder nach rechts und zieht steil den bewaldeten Hang höher, die Bäume werden weniger und die Aussicht besser, bis wir dann eine breite Lawinenrinne betreten. Nun im freien Gelände diagonal steil aufwärts an die Geländekante des **Grathorn (4)** – ein Kreuz markiert den sog. Gipfel, der aber »nur«

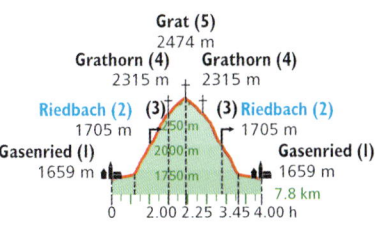

Vom Grat hat man freien Blick auf den Riedgletscher mit Balfrin und Nadelhorn (rechts oben).

eine aussichtsreiche Kuppe darstellt. Die Aussicht lässt sich ohne viele Zusatzmühen noch steigern, wenn man dem Europaweg weiter aufwärts folgt zum **Grat (5)**, den eine große Statue ziert. Hier ist dann auch der Blick zum zerrissenen Riedgletscher und die Gipfel um den Balfrin frei. Der **Abstieg** folgt dem Anstiegsweg.

Grat (5)
2474 m
Grathorn (4)   Grathorn (4)
2315 m   +   2315 m
Riedbach (2) (3) †   † (3) Riedbach (2)
1705 m   2250 m   1705 m
                2000 m
Gasenried (l)   1750 m   Gasenried (l)
1659 m   1659 m
                                7.8 km
0   2.00 2.25 3.45 4.00 h

Schöner kann man sich Zermatt nicht nähern

Bei dieser Wanderung präsentieren sich die bekanntesten und auch schönsten Berge um Zermatt, Matterhorn, Breithorn und Weisshorn, von ihren »Schokoladenseiten«.

Der Aufstieg von Täsch zur Täschalp isl zwar wunderschön, würde die ganze Tour jedoch erheblich verschärfen: insgesamt 1050 Hm mit gut 17 km Wegstrecke. Daher empfiehlt sich die Taxibus-Auffahrt, außer man nimmt sich zwei Tage Zeit und übernachtet auf der Täschalp in der Europaweghütte. Damit haben wir in jedem Fall eine gemütliche Wanderung vor uns, bei der wir so richtig das prächtige Panorama aufnehmen können; einen besonders attraktiven Vordergrund können dazu im Herbst die gelb gefärbten Lärchen bieten.

Talort: Täsch, 1438 m; Ende der Fahrstraße von Visp, modernes Parkhaus und weitere gebührenpflichtige Parkplätze. Bahnverbindung mit Visp, dichter Pendelverkehr nach Zermatt.

Ausgangspunkt: Täschalp, 2185 m. Parkmöglichkeit. Kleine Sommersiedlung im Täschtal, Gasthaus und kleine Kapelle. Erreichbar auf sehr schmalem Fahrsträßchen von Täsch, Taxiauffahrt.

Höhenunterschied: 280 m im Aufstieg, 860 m im Abstieg.

Anforderungen: Leichte Bergwanderung auf gutem Steig in teilweise steiler Flanke.

Einkehr: Europaweghütte auf der Täschalp, im Sommer bewirtschaftet, Tel. 027/9672301, www.europaweghuette.ch. Restaurants auf Tuftern und Sunnegga.

An einem prächtigen Spätherbsttag bei Sunnegga, in voller Schönheit zeigt sich das Matterhorn.

Vom Parkplatz auf der **Täschalp (1)** gehen wir etwa 200 m taleinwärts und auf der Brücke über den Täschbach. Hier zweigt ein Bergsteig über Ober Sattla ab (fantastischer Aussichtsplatz, für trittsichere Berggeher sehr zu empfehlen; man kann dann auf der anderen Seite zu unserem Höhenweg wieder absteigen), während wir ziemlich eben durch den Nordhang des Sattelspitz talauswärts gehen. Hoch über Täsch biegt der Weg dann in südliche Richtung ab **(2)**, quert eine kurze Steilstufe (Fixseil) und führt, teilweise durch herrliche Lärchenbestände an der Waldgrenze, mit allerschönsten

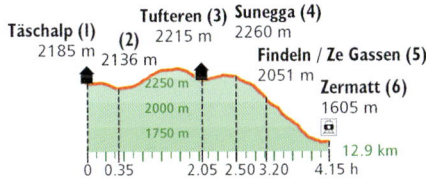

119

Steter Begleiter am Tufteren Höhenweg: der Weisshornblick.

Weisshorn- und Matterhornblicken zum Alpgelände von **Tufteren (3)** mit dem Restaurant. Hier könnte man auf schönem Waldsteig direkt nach Zermatt absteigen, doch empfiehlt sich der mühelose Weiterweg über Sunnegga sehr, die Sicht auf den Kessel von Zermatt wird dabei noch schöner und man kann schließlich auch das Gebiet des Findelngletschers einsehen. Der breite Weg leitet wenig unterhalb der **Bergstation Sunnegga (4)** vorbei an den schönen Leisee und dann hinab nach **Findeln (5)**. Schließlich kommen wir wieder in den Wald und erreichen über Winkelmatten **Zermatt (6)**.

Mit wenigen Schritten aus dem Trubel, Abstieg zum Gletscher vor riesiger Kulisse

Gornergrat, das ist wohl der berühmteste und meistbesuchte Aussichtspunkt der Alpen – und das absolut zu Recht, denn er bietet ein einzigartiges Panorama in die Viertausender-Runde von Zermatt und gleichzeitig den Tiefblick auf die arktisch anmutenden Gletscherströme (Gorner- und Grenzgletscher). Die Auffahrt mit der Zahnradbahn hat auch etwas deutlich Gemütlicheres an sich als der sonst übliche rasche »Aufstieg« mit einer Seilbahn. Ein ganz besonderes Erlebnis wäre natürlich eine Übernachtung im Kulmhotel, nicht ganz billig, aber wer hier einmal den Sonnenuntergang mit dem Aufglühen der Eisgipfel (Monte Rosa: nomen est omen!), den Nachthimmel mit einer Sternenpracht ohne zivilisatorische Störbeleuchtung oder am kommenden Morgen das erste Licht am Monte Rosa und am Matterhorngipfel beobachten konnte, wird das sicher so schnell nicht vergessen!

Talort und Ausgangspunkt: Zermatt, 1605 m. Zugverbindung von Täsch, gebührenpflichtige Parkplätze. Von Zermatt mit der Zahnradbahn zur Station Gornergrat, 3090 m (Hotel, Übernachtungsmöglichkeit, Sternwarte, die auch von Visp her vorteilhafte Preisarrangements anbietet).
Höhenunterschied: 520 m im Abstieg, knapp 250 m im Aufstieg.
Anforderungen: Leichte Wanderung auf zunächst schmalem Steig (beim Abstieg zum Gletscher ist Trittsicherheit erforderlich), Rückweg auf breitem Pfad.
Einkehr: Kulmhotel Gornergrat (Restauration, Zimmer, Tel. 027/9666400, www.gornergrat-kulm.ch), Restaurants in Zermatt und Täsch.

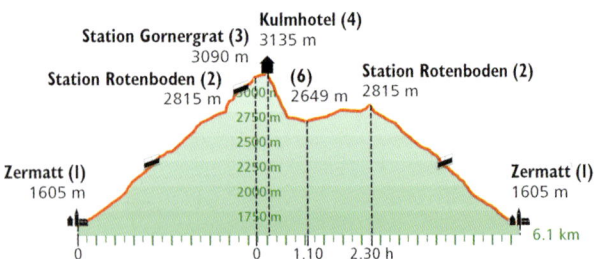

Ein wahrlich arktischer Eindruck: der Gornergletscher mit Liskamm und den Zwillingen.

Kulmhotel (4)
3135 m

Station Gornergrat (3)
3090 m

Station Rotenboden (2)
2815 m

(6)
2649 m

Station Rotenboden (2)
2815 m

3000 m
2750 m
2500 m
2250 m
2000 m
1750 m

Zermatt (l)
1605 m

Zermatt (l)
1605 m

6.1 km

0   0   1.10   2.30 h

Von **Zermatt (1)** fahren wir mit der Zahnradbahn über die **Station Rotenboden (2)** zur **Station Gornergrat (3)**. Wir gehen kurz zum **Kulmhotel (4)** hinauf und in östlicher Richtung leicht absteigend in 5 Min. zur Abzweigung unseres Abstieges nach Süden. In vielen Kehren tiefer, einmal durch eine leichte Felspassage, treffen wir auf den **Weg (5)** Rotenboden – Monte-Rosa-Hütte. Auf ihm als Abstecher in östlicher Richtung zum Gletscher, eindrucksvoll vereinigen sich hier **Gorner- und Grenzgletscher (6)**. Auf der gegenüberliegenden Seite des Gletschers ist die Neue Monte-Rosa-Hütte zu erkennen, die Begehung des Gletschers zur Hütte erfordert jedoch alpine Erfahrung (markiert).

Rückweg zum Rotenboden: Der breite, gut markierte Steig führt leicht ansteigend durch die Hänge des Gornergrates zur **Station Rotenboden (2)**. Die hier seit Langem heimische Steinbock-Kolonie ist nur wenig scheu.

Nordend, 4609 m, und Dufourspitze, 4634 m, die höchsten Monte-Rosa-Gipfel.

An den Fuß des berühmtesten Berges der Alpen

Natürlich ist das Matterhorn auf dieser Wanderung der dominierende Blickfang, denn man steigt ja auf dessen himmelstürmenden Nordostgrat, den Hörnligrat, direkt zu. Doch auch die Ausblicke über das Gletschertal von Zmutt auf Obergabelhorn und Zinalrothorn können sich sehen lassen, wie auch die majestätische Monte-Rosa-Gruppe. Das sich im Laufe des Tages verändernde Licht wird den Fotoapparat nicht so schnell zur Ruhe kommen lassen. An der Hütte ist man dann wirklich hautnah am Geschehen der »Matterhornhelden« aus aller Welt: bei denen, die müde und überglücklich herunterkommen, weil sie bis zur Spitze kamen, doch auch bei denen, die vielleicht etwas traurig sind, weil sie umkehren mussten. Auf der anderen Seite kommen nachmittags die Aspiranten für den kommenden Tag, verschwitzt, neugierig, angeberisch oder aufgeregt – viele Charaktere aus aller Welt kann man da beobachten!

Hinweis: Wenn gute »Matterhorn-Bedingungen« herrschen, platzt die Hütte schnell aus allen Nähten – als Wandergäste sollten wir dann besser auf eine Übernachtung verzichten. Die Hütte wird bis 2015 generalsaniert, bis dahin ist mit zusätzlichen Baustellen-Aktivitäten zu rechnen.

Idyllisch liegt die Kapelle am Schwarzsee, dahinter die Südseite des Obergabelhorn.

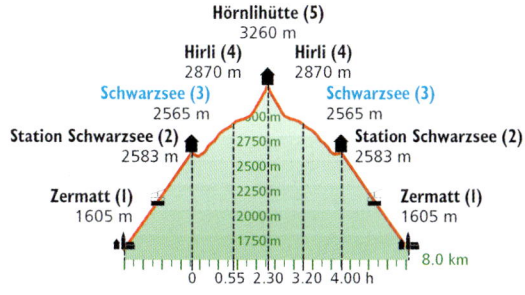

Talort und Ausgangspunkt:
Zermatt, 1605 m; weltbekannter Bergsteigerort am Matterhorn. Anreise mit der MGB von Brig / Visp, oder vom Großparkplatz in Täsch, dichter Pendelverkehr; auch Taxibusse von Täsch. Von Zermatt mit der Seilbahn über Furi zur Station Schwarzsee, 2583 m; zur Talstation geht man durch das Zentrum von Zermatt, die Bahnhofstraße, nach SW zum Ortsteil Winkelmatten.

Höhenunterschied: 710 m.

Anforderungen: Wenig schwierige Wanderung auf gut markiertem und viel begangenem Hüttenweg; stellenweise etwas ausgesetzt und kurze Stellen mit Drahtseil gesichert.

Einkehr: Bergstation Schwarzsee (Hotel, www.schwarzsee-zermatt.ch) und Hörnlihütte (Tel. 027/9672769).

Das Matterhorn, gesehen vom Klein-Matterhorn, rechts der Hörnligrat.

Von **Zermatt (1)** fahren wir mit der Gondelbahn zur **Station Schwarzsee (2)** hinauf und gehen ein paar Meter zum malerischen **Schwarzsee (3)** hinunter; besonders fotogen steht am anderen Ufer eine kleine Kapelle. Dann in westlicher Richtung aufwärts, über zwei kleinere Felsabsätze auf das **Hirli** zu, das wie ein Schiffsbug unter dem Hörnligrat steht. Etwas links (südlich) der Kante zieht der Weg in Kehren durch dessen Flanke zum darüberliegenden flachen Gratrücken **(4)**. Direkt am Kamm, links unter uns die Felsen der Südostwand und rechts weniger steiles Gelände mit schönen Obergabelhorn-Blicken, führt der Weg zunächst nicht so steil auf das »Horu« zu. Doch auf den letzten knapp 300 Höhenmetern wird man nochmals ordentlich gefordert, in vielen Zickzacks gelangt man so zur **Hörnlihütte (5)**.
Der **Abstieg** vollzieht sich auf demselben Weg – wer nicht bis Zermatt zu Fuß absteigen will, sollte sich die Abfahrtszeit der letzten Gondel gut merken und den Rückweg rechtzeitig antreten.

Höhenweg Höhbalmen.

7.15 Std.

Aussichtsbalkon vis-à-vis der Matterhorn-Nordwand

Der Höhbalmen-Höhenweg zählt zu den besonders empfehlenswerten Wegen rund um Zermatt: zum einen hat man auf langer Strecke allerschönste Sicht auf das Matterhorn mit seiner Nordwand, auf die etwas versteckte Dent d'Hérens im Talhintergrund und natürlich über das Tal hinweg auf Monte Rosa und all die anderen Viertausender drumherum. Zum anderen kommt aber noch dazu, dass dies hier die einzige Seite von Zermatt ist, wo keine Bahnen Menschenmassen hinaufbefördern, Lärm und Trubel sind weit unten im Tal geblieben! Ein kleiner Tipp: vom Umkehrpunkt unserer Wanderung kann man in gut 1 Std. die traumhaft gelegene Schönbielhütte des SAC erreichen; mit einer Übernachtung auf dieser weltabgeschiedenen und sehr gut geführten Hütte (Tel. 027/9671354) wird das Ganze zu einer deutlich weniger anstrengenden, dafür aber nochmals erlebnisreicheren Unternehmung.

Talort und Ausgangspunkt: Zermatt, 1605 m. Weltbekannter Bergsteiger- und Wintersportort am Ende des Mattertales. Der Ort ist autofrei, Zugverbindung mit Brig / Visp über Täsch. Gebührenpflichtige Parkplätze in Täsch; dichter Fahrplan Täsch-Zermatt der MGB, auch Taxiverkehr.
Höhenunterschied: 1140 m.
Anforderungen: Wanderung auf guten und markierten Bergwegen; anstrengend durch großen Höhenunterschied und lange Wegstrecke (knapp 20 km).
Einkehr: Alterhaupt (Hotel Edelweiss), 1961 m, www.edelweiss-zermatt.ch; Berghaus Trift, 2337 m, www.zermatt.net/trift (Übernachtungsmöglichkeit; beide Häuser sind im Sommer geöffnet); Zmutt, 1936 m (Wirtshaus).

Vom Bahnhof in **Zermatt (1)** folgt man der Hauptstraße ins Dorfzentrum bis über den Triftbach, biegt dann an einem Wegweiser rechts ab **(2)** ins Oberdorf und folgt dem Steig zur Triftschlucht. In steilen Serpentinen gelangt man zum Gasthaus **Alterhaupt (3)**, dann führt der Weg in den nun weniger tiefen Schluchtgraben, um schließlich das blumenreiche Gelände im Talkessel der Triftalp mit dem **Berghaus Trift (4)** zu erreichen.

Wir wählen nun den zum Triftbach führenden Weg und steigen unter den Felsen der Triftflue, anfangs mit wenigen Serpentinen, zur **Höhbalmenstafel (5)** auf etwa 2610 m auf. Damit haben wir schon fast alle Aufstiegsmühen hinter uns gebracht und können nun die großartigen Ausblicke über den gesamten Zermatter Talkessel von der Mischabelgruppe bis zum Monte-Rosa- und Breithorn-Massiv wirklich genießen.

Unterwegs am Moränenweg im Angesicht der Matterhorn-Nordwand.

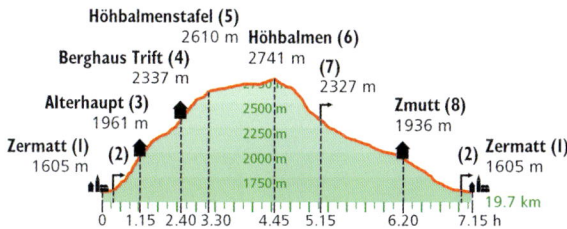

Von der Schönbielhütte zeigt sich die Nordwand der Dent d'Hérens in voller Pracht.

Der Weiterweg führt jetzt über die terrassenartige Alpfläche von Höhbalmen in zuerst südwestlicher, dann westlicher Richtung hoch über dem Zmutt-Tal und direkt gegenüber der Matterhorn-Nordwand entlang. Bei Schwarzläger haben wir mit **2741 m (6)** den höchsten Punkt der Wanderung erreicht, nun senkt sich der Weg und führt uns in weiten Serpentinen zur Seitenmoräne des breiten **Zmuttgletschers** hinab, hier **Abzweigung (7)** zur Schönbiel-hütte. Für den Rückweg nehmen wir den Pfad auf der Nordseite des Zmutt-baches abwärts zur kleinen malerischen Siedlung **Zmutt (8)** und steigen dann auf dieser Talseite weiter abwärts bis nach **Zermatt (1)**.

Eine Woche lang Panorama-Superlative

Zermatt ermöglicht ein ganz besonderes Wandererlebnis: Bei Verknüpfung der Touren 32 bis 35 kann man eine gute Woche lang den gesamten Talkessel von Zermatt umwandern und dabei nach nicht allzu anstrengenden Etappen in guten Unterkunftshäusern hoch oben am Berg übernachten. Alle Häuser bieten volle Verpflegung. An vielen Stellen der Rundtour ist ein Schnellabstieg ins Tal möglich – oder ein Zwischeneinstieg in die Runde. Die Gesamtlänge der Runde ist gut 50 km bei einem Höhenunterschied im Anstieg von insgesamt etwa 3500 m. Bei unserem Vorschlag starten wir in Täsch und erleben so als »Apero« die Annäherung auf einer perfekten Aussichtsterrasse gegenüber Weisshorn, Matterhorn und Monte Rosa. In den folgenden Tagen wird sich dieses Panorama immer ein Stück weiter verschieben, aber wir werden uns daran wohl kaum so schnell sattsehen können!

Ausgangspunkt: Täsch, 1438 m; Ende der Fahrstraße von Visp, modernes Parkhaus und weitere gebührenpflichtige Parkplätze. Bahnverbindung mit Visp, dichter Pendelverkehr nach Zermatt.
Endpunkt: Zermatt, 1605 m; weltbekannter Bergsteigerort am Matterhorn. Anreise mit der MGB von Brig / Visp oder den Parkplätzen in Täsch, dichter Pendelverkehr; auch Taxibusse von Täsch.
Anforderungen: Leichte Bergwanderung auf guten Steigen, teilweise auch durch steile Flanken. Die an der Route

liegenden Unterkünfte ermöglichen die Aufteilung des Weges in nicht allzu anstrengende Etappen und damit eine gute Anpassung an die persönlichen Vorstellungen und Leistungsfähigkeiten (Täschalp, Tuftern und Grünsee wären hierfür noch alternative Zwischenstützpunkte). Andererseits könnten gut trainierte Geher auch mal zwei Abschnitte zusammenfassen, aber eigentlich ist ja der tiefere Sinn dieser Runde das intensive Erleben dieser großartigen Landschaft (trotz der Wunden durch die scheinbar kaum zu bremsende

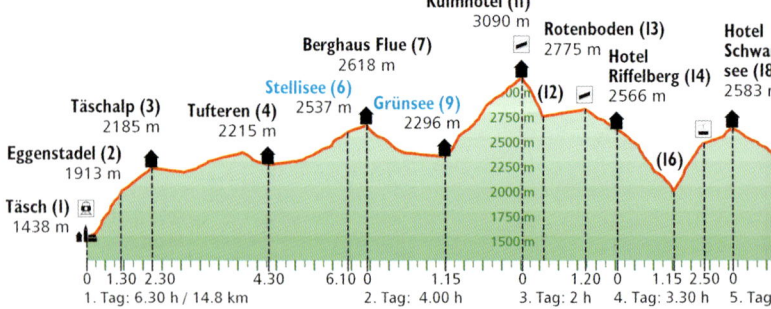

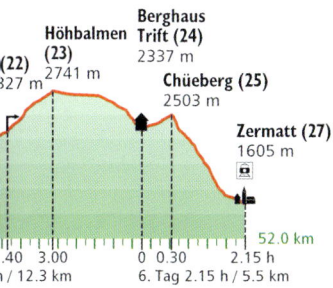

Zieht zu Recht immer wieder alle Blicke auf sich: das Matterhorn.

Höhbalmen (23) 2741 m

Berghaus Trift (24) 2337 m

(22) 327 m

Chüeberg (25) 2503 m

Zermatt (27) 1605 m

52.0 km

.40 3.00 | 0 0.30 | 2.15 h
n / 12.3 km 6. Tag 2.15 h / 5.5 km

Pisten-Aufrüstung), und das geht eben am besten, wenn man sich ausreichend Zeit lassen kann und kein Rennen veranstaltet. Die täglichen Etappen auf der beschriebenen Route liegen zwischen 200 und 850 Hm im Aufstieg, 320 bis 920 Hm im Abstieg, bei Wegzeiten von 2.30 bis 4.15 Std., ohne Pausen gerechnet. Ein Abbruch der Runde – z.B. bei Schlechtwetter – ist an vielen Stellen unproblematisch möglich. Die Route führt allerdings in große Höhen (am Gornergrat auf über 3000 m, auch sonst oft über 2500 m), entsprechende Bergerfahrung und natürlich Ausrüstung muss vorausgesetzt werden.

1. Tag: Täsch – Täschalp – Tufteren – Sunnegga – Fluealp

Statt mit dem Taxibus wie bei Tour 32 zur Täschalp aufzufahren, empfiehlt sich für gut trainierte Berggeher der landschaftlich schöne Anstieg zu Fuß. Allerdings sind dann von Täsch bis zur Flue 1500 Hm bei ca. 6 Std. reiner Gehzeit zu bewältigen! Entschärfen lässt sich diese Etappe durch eine Übernachtung auf der Täschalp (Europaweghütte, 2214 m, geöffnet Juni bis Mitte Oktober, Lager, Tel. 027/9672301) oder auf Tufteren (2215 m, geöffnet Juni bis Mitte Oktober, Zimmer und Lager, Tel. 027/9672597; 2 Std. von der Täschalp). Vom Bahnhof **Täsch (1)** durch den Ort nach Osten auf die kleine Schlucht des Täschbaches zu. Der Steig beginnt gleich bei der obersten Brücke im Dorf und führt in vielen Kehren über den steilen Wiesenhang an Täschberg vorbei aufwärts. Kurz vor **Eggenstadel (2)** über die Fahrstraße, dann immer in der Nähe des Baches im hier weniger steilen Tal zur **Täschalp (3)** (2½ Std.). Der folgende Abschnitt über **Tufteren (4)** nach **Sunnegga (5)** ist bei Tour 32 ausführlich beschrieben. Von Sunnegga (man braucht nicht zur Station selbst aufzusteigen) geht man zum Leisee, quert dann zur Findelnalp und steigt südlich unter der Station Blauherd 150 m zum nächsthöheren Geländeabsatz auf. Anschließend geht man am **Stellisee (6)** vorbei und erreicht mit wenig weiterem Anstieg das **Berghaus Flue (7)**, 2618 m (im Sommer bewirtschaftet, Zimmer und Lager, Tel. 027/9672597, www.fluhalp.ch; 3½–4 Std.).

2. Tag: Fluealp – Grindjisee – Grünsee – Gornergrat

Zunächst heißt es 300 Hm absteigen, vom Berghaus nach Süden ins Tällinen und weiter auf der alten Moräne hinab zum malerischen **Grindjisee (8)** sowie in den Einschnitt des Findelngletscherabflusses. Auf dem Fahrweg aufwärts zum **Grünsee (9)** mit dem gleichnamigen Berghaus (2296 m, 1–1½ Std., im Sommer offen, Zimmer und Lager, Tel. 027/9672553). Hier beginnt nun der steilere Anstieg nach Süden, in einigen Kehren zum Fuß des Ritzengrates und in den Breitboden hinauszuqueren. Dieser wird diagonal nach Süden ansteigend überquert und dar-

auf wieder in Serpentinen der nächste Absatz bei der »**Unteren Kelle« (10)** erreicht. In weiterhin südlicher Richtung steigt der Weg nun weniger steil, an einigen Seen vorbei, zum obersten Abschnitt der Gornergratbahn an und folgt am letzten Stück der Bahn bis zur **Station Gornergrat (11)** mit dem Kulmhotel (3090 m, fast ganzjährig offen, Zimmer, Telefon 027/9666400; gesamt 3–3½ Std.)

3. Tag: Gornergrat – Gornergletscher – Rotenboden – Riffelberg

Der Abschnitt mit dem Abstecher zum **Gornergletscher (12)** bis **Rotenboden (13)** ist bei Tour 33 detailliert beschrieben. Hier nehmen wir nun den Weg am Riffelsee vorbei unter der Riffelhorn-Nordflanke hindurch auf die Alp Riffelberg, über die wir zum **Hotel Riffelberg (14)** absteigen (2566 m, Sommer und Winter offen, Zimmer, Telefon 027/9666500, www.riffelberg.ch; 2–3 Std.).

4. Tag: Riffelberg – Gornerschlucht – Furgg – Schwarzsee

Abstieg über die Hänge der Alp Riffelberg nach Westen bis zur **Abbruchkante (15)** über dem Gletscherabfluss. Hier führt ein steiler Abstiegsweg hinab. Auf dem Fahrweg am Fluss abwärts bis vor den Eingang der **Gornerschlucht (16)** auf 1945 m. Dort über die Brücke und am Gegenhang aufwärts in der Nähe des Furggbaches zur **Station Furgg (17)**, 2427 m. Ein letzter Anstieg (150 Hm) bringt uns zur **Bergstation Schwarzsee (18)** mit dem gleichnamigen Hotel (2583 m, Zimmer, Tel. 027/9672263, www. schwarzsee-zermatt.ch; 3½ Std.).

Detail am Gornergletscher: kleine Flüsse auf dem Eis.

Dom und Täschhorn beherrschen den Blick von Zmutt.

5. Tag: Schwarzsee – Stafelalp – Höhbalmen – Trift

Vom Schwarzsee führt der Weg in angenehmem Gefälle über die **Obere Stafelalp (19)** zur Einmündung in eine **Fahrstraße (20)** und über diese zum **Zmuttgletscher-Vorfeld (21)** hinab. Wir queren das Gletschervorfeld nach Norden, an Rückhaltebecken und Wasserfassungen von Grande Dixence vorbei, und steigen jenseits zu den Alpen von Arben mit der **Abzweigung (22)** zur Schönbielhütte (1 Std.) auf. Hier treffen wir auf die Tour 35, werden sie aber in umgekehrter Richtung begehen. Der Weg steigt in einigen Kehren die Hänge hinauf, wendet sich dann nach Osten und führt nun auf dieser großartigen Aussichtsterrasse nach **Höhbalmen (23)**. Weiter, mehr in Nordrichtung schwenkend, am Höhbalmstafel vorbei, folgt ein kurzer Abstieg zum **Berghaus Trift (24)**, 2337 m (im Sommer offen, Zimmer und Lager, Tel. 079/4087020; 4 Std.).

6. Tag: Trift – Flue – Chüeberg – Zermatt

Statt des Direktabstiegs durch die Triftschlucht empfiehlt sich für den Rückweg der aussichtsreiche kleine Umweg über Chüeberg: kurzer Aufstieg nach Norden, dann kann man nach Osten leicht ansteigend die Triftwäng nach **Chüeberg (25)** queren. Der weitere Abstieg führt nun über die steilen Osthänge in den **Graben der Schusslauine (26)** und dann schräg nach **Zermatt (27)** hinab (1½–2 Std.).

Sehr zu empfehlen wäre als krönender Abschluss dieser Runde eine Besteigung des **Platthorn** (3345 m), für erfahrene Bergsteiger auch des **Mettelhorn** (3406 m; Aufstieg 3 bzw. 3½ Std., Abstieg 2 Std. von Trift).

Wenig bekannte und abwechslungsreiche Wanderung mit außergewöhnlich schönen Ausblicken

Dieser Tourenvorschlag führt uns auf wenig begangenen Wegen auf einen herausragenden Aussichtsplatz hoch über Täsch. Der Blick geht in den wilden Schalikessel unter Schalihorn und Weisshorn, aber auch auf die andere Talseite zur Mischabelgruppe mit Dom und Täschhorn und in die Alphubel-Westflanke über der Täschalp. Unser Aufstieg führt durch die sehr steile, mit einigen Felspassagen durchsetzte Flanke oberhalb Täsch mit wunderschönem Lärchenbestand (sehenswert vor allem im Herbst!); von unten gesehen erscheint es ausgeschlossen, dass hier ein guter Pfad durchführt!

Talort und Ausgangspunkt: Täsch, 1438 m; Haltestelle der MGB, dichter Fahrplan nach Visp und nach Zermatt. Gebührenpflichtige Parkplätze in Täsch.
Höhenunterschied: 810 m.

Höchster Punkt: »Arigscheis«, 2240 m.
Anforderungen: Wanderung auf steilem Weg mit wenigen kurzen, etwas ausgesetzten Stellen; durchgehend markiert.
Einkehr: Unterwegs keine Möglichkeit.

Hinter dem **Bahnhof Täsch (1)** geht man über die Brücke der Vispa und kommt rechts haltend nach wenigen Metern zur **Abzweigung (2)** des Pfades (Wegweiser, gleich neben dem Campingplatz). Der Weg schlängelt sich in Serpentinen kurz im freien Gelände, dann durch den steilen Lärchenwald aufwärts, führt weiter oben geschickt zwischen Felspassagen hindurch, wobei es manchmal auch etwas luftig wird (an einer Stelle wurde eine Leiter befestigt). Weiter oben wird der Wald lichter und ist mit Zirben durchsetzt, bis man knapp oberhalb der Baumgrenze mit prächtigen Ausblicken fast eben zu der Aussichtskanzel »Arigscheis« (3) hinüberquert (Spaßvögel haben wenig unterhalb den Namensgeber aufgestellt!). Ein Abstecher auf einem Pfad, der nur wenig steigend etwa einen dreiviertel Kilometer an eine Geländekante führt, ist unbedingt lohnend, da man dort besonders schöne

Blicke in den **Schaligletscherkessel** mit dem wild zerrissenen Gletscher hat – danach sollte man jedoch wieder bis »Arigscheis« zurückkehren, der direkte Abstieg zu unserem weiter unten vorbeiführenden Abstiegsweg würde durch einige Felsbarrieren erschwert.
Rückweg: Von »Arigscheis« führt der gute Weg quer durch die Talflanke südlich des Schalibaches zum **Scha-**

Steil über Arigscheis steht das Weisshorn.

lenäbi (4) hinab, einem mit lichtem Zirben- und Lärchenbestand überzogenen blockreichen Alpgelände. Kurz bevor man an die Schlucht der Schalikin selbst gelangt, biegt der Weg rechts ab und führt talauswärts tiefer, um schließlich wieder durch Wald, zuletzt in Kehren in den Talgrund der **Vispa (5)** hinabzuführen. Fast eben wandert man schließlich auf einem Fahrweg parallel zur Vispa die etwa 1,5 km bis nach **Täsch (1)** zurück.

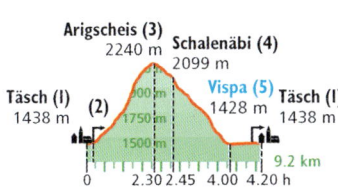

Lange Hüttenwanderung zum Ausgangspunkt für den Normalanstieg auf einen der schönsten Berge der Alpen

Die Weisshornhütte ist noch immer eine der »richtigen« Bergsteigerhütten des SAC, einfach, aber sehr gut und vor allem sehr gastfreundlich vom Pächter Luzius Kuster in den Sommermonaten bewirtschaftet. Eine Übernachtung hier oben kann natürlich ein besonderes Erlebnis sein, allerdings bitte nur nach vorheriger telefonischer Anmeldung, und nicht an den (relativ wenigen) Tagen, wenn am Weisshorn-Anstieg gute Verhältnisse sind, da dann das kleine Haus schnell aus allen Nähten platzen würde und das dann gewiss keine schöne Nacht wird!

Talort und Ausgangspunkt: Randa, 1403 m; Haltestelle der MGB von Visp nach Zermatt.
Höhenunterschied: 1530 m.
Anforderungen: Guter und ausreichend markierter, aber langer und anstrengender Bergweg.
Einkehr: Weisshornhütte, bewirtschaftet Mitte Juli bis Anfang / Mitte September (Tel. 027/9671262, www.sac-basel.ch/huetten).

Vom Bahnhof in **Randa (1)** geht man wenige Schritte nordwärts und über die Brücke der Vispa. Man kommt an den Hütten von Eien vorbei (rechts der Schuttkegel des Bergsturzes von 1991), und schon beginnt der steile Bergpfad. Ein paar Kehren aufwärts, dann in einen steilen Graben und darauf wieder in den Bergwald. Nach etwa 45 Min. bietet sich ein toller Blick ins Tal an einer Abbruchkante, der Weg führt in einem Bogen zum darüberliegenden Absatz, dem **Rötiboden (2)**, ebenfalls mit guter Aussicht. Noch immer steil zieht der Weg aufwärts zu der Alphütte von **Jatz (3)**, spätestens hier wird auch der konditionsstärkste Wanderer eine Aussichts-Rast einlegen, da nun der Weg in die oberen Hänge des Hohlichts einschwenkt.

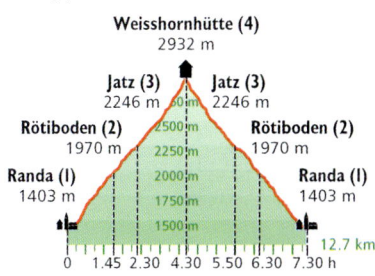

Die Weisshorn-Südseite, die Hütte befindet sich nahe am rechten Bildrand.

Stetig ansteigend wandert man jetzt schräg über steile Grashänge, aber auf gutem Weg in einen Seitengraben. Dann um einen Absatz herum, weiter oben in die Nähe der Felsen und endlich kommt der letzte, nochmals schweißtreibende Schlussanstieg. In einigen Serpentinen erreichen wir die oben bereits sichtbare **Weisshornhütte (4)**. Als Wanderer mag man sich trösten, dass die »Weisshorn-Aspiranten« ja ganz andere Rucksäcke hier herauf- (und später wieder hinab-) schleppen müssen.

Der **Abstieg** folgt dem Anstiegsweg. Nur gute Berggeher können alternativ auf einem Weg durch die steilen Hänge direkt zur Schatzplatte absteigen und von dort hoch über dem Schaligraben quer durch die Steilflanke nach Schaliberg und zum Anstiegsweg bei Rötiboden (oder auch direkt ins Tal) absteigen.

Interessanter Höhenweg in der Augstbordregion

Die Augstborderi ist eine der großen historischen Wasserleitungen im Wallis: Mit etwa 18 km Gesamtlänge leitet sie das Wasser aus dem Augstbordtal bis hinab nach Zeneggen. Sie wurde im Lauf der Jahrhunderte viermal neu gebaut, die heutige Version stammt aus dem Jahr 1940.

Auf dem Weg zum Ausgangspunkt, der herrlich gelegenen Moosalp, kommen wir durch die schönen alten Orte Zeneggen oder Törbel und nahe am steilsten Dorf der Schweiz, Embd, vorbei – sie alle sind durchaus einen Extrabesuch wert! Unsere Wanderung endet schließlich in Jungen, auch auf einer aussichtsreichen Terrasse über dem Mattertal gelegen – eine kleine, sehr luftige Seilbahn bringt uns dann nach St. Niklaus hinunter.

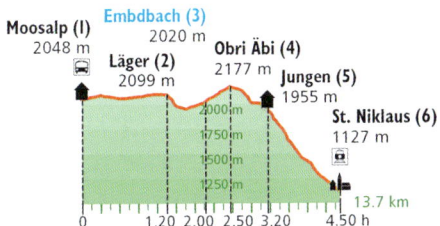

Farbliche Höhepunkte am herbstlichen Augstbordwasser, überragt vom Weisshorn.

Talorte: Zeneggen, 1374 m; Bürchen, 1200 – 1650 m; Postautolinie von Visp (bis zu 12 Kurse täglich). Törbel, 1497 m; Postautoverbindung von Stalden (etwa 14 Kurse täglich). St. Niklaus, 1127 m; kleine Seilbahn nach Jungen (Jungu).

Ausgangspunkt: Moosalp, 2048 m; breiter Alpsattel auf dem Höhenrücken zwischen Zeneggen, Bürchen und Törbel. Fahrstraße von diesen Gemeinden, Postautolinie (drei bzw. fünf Kurse täglich).

Höhenunterschied: Aufstieg ca. 300 m, Abstieg ca. 400 m bis Jungen; zusätzlicher Abstieg bis St. Niklaus 800 m.

Anforderungen: Bis Läger guter und breiter Weg, dann teilweise ausgesetzter Bergpfad; von Jungen nach St. Niklaus Kapellenweg.

Einkehr: Restaurants auf der Moosalp, www.moosalp.ch, und in Jungen.

Moosalp (I)
2048 m

Embdbach (3)
2020 m

Läger (2)
2099 m

Obri Äbi (4)
2177 m

Jungen (5)
1955 m

St. Niklaus (6)
1127 m

2000 m
1750 m
1500 m
1250 m

0   1.20 2.00 2.50 3.20   4.50 h

13.7 km

Wie Flammen stehen die Lärchen im Herbst über der Moosalp.

Wir starten am Parkplatz der **Moosalp (1)** und wandern fast eben in südlicher Richtung auf dem Ziehweg in den Lärchenwald (unter dem Weg verläuft die Wasserleitung). Später, beim Erreichen offener Weiden, ein paar Meter bergauf, wo sich ein grandioser Blick zur gegenüberliegenden Mischabelgruppe öffnet. Der Weg führt zunächst in reizvoller Umgebung an Wiesenhängen entlang, dann durch zwei kurze Tunnels. Man kommt oberhalb des **Läger vom Rieberg (2)** vorbei und muss nun etwa 100 Höhenmeter absteigen auf einen weiter unten verlaufenden Querweg, auf dem man durch zwei Schrofenrinnen in den recht steilen, grasdurchsetzten Hängen ins **Augstbordtal** mit der Brücke über den **Embdbach (3)** unterhalb Augstbordtafel gelangt. Nach einer Kehre am Gegenhang zweigt links der Höhenpfad nach Jungen ab (geradeaus ginge es zum Augstbordpass); man quert auf ihm den Nordhang unter Twära zum aussichtsreichen **Obri Abi (4)** hoch über dem Mattertal. Der folgende Wegabschnitt führt durch eine aufregend steile Flanke, aus der Entfernung mag man kaum glauben, dass dort ein bequemer Weg verläuft! Bald ist die hübsche Siedlung **Jungen (5)** erreicht. Wer noch Lust hat oder wen die Talfahrt mit der winzigen Seilbahn zu viele Nerven kostet, steigt auf dem Kapellenweg zwischen herrlichen Bäumen nach **St. Niklaus (6)** ab.

Abstieg in die Weingärten und talaus nach Visp

Wir beschreiben hier eine Wanderung, die ohne jede Gegensteigung vom Dorf hinunter in den Talboden der Vispa führt. Wir begehen den alten, wenig benütz-ten Steig durch verschiedene Weiler bis nach Esch. Mit wenigen Schritten wird daraufhin ein Steilabsturz erreicht, der das Dorf von den Weinbergen trennt (Driest). In kunstvoller Wegführung überwindet der Pfad die senkrechte Steil-stufe und erreicht weiter unten Zenegger Weinberge. Ein Großteil von ihnen wird leider nicht mehr bewirtschaftet. In den noch gepflegten Weingärten wer-den acht Sorten angebaut, darunter auch die älteste Walliser Rebe, der Heida. Die etwas oberhalb unseres Ausgangspunktes liegende Häusergruppe Alt-Zenegen und die Kapelle Zum Biel sind einen Besuch wert. Ein bauliches Kleinod ist auch die liebevoll restaurierte Getreidemühle am Hotel Alpenblick.

Von Visperterminen zeigt sich die Flanke von Zenegen hinab zum Vispatal.

Talort: Visp, 651 m; Verkehrsknotenpunkt im Rhônetal mit sehr guten Bahn- und Busverbindungen. Parkmöglichkeiten in Visp bzw. Zeneggen, dann Rückkehr mit dem Postauto.

Ausgangspunkt: Zeneggen, 1367 m; hübsches, kleines Bergdorf in sonniger Lage mit prachtvoller Sicht auf die umliegenden Gipfel: Bietschhorn, Weissmiesgruppe, Mischabel. Busverbindung von Visp und über die Moosalp von Stalden / Törbel.

Höhenunterschied: 720 m im Abstieg.

Anforderungen: Leichte Wanderung, im

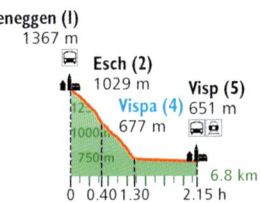

mittleren Teil an der Felsstufe ist Trittsicherheit erforderlich.

Einkehr: Restaurants in Zeneggen und Visp.

Vom Parkplatz bei der Kirche in **Zeneggen (1)** auf der Teerstraße 150 m südlich bis zur Verzweigung. Zwischen Häusern auf schönem alten Plattenweg tiefer. Die neue Teerstraße mehrfach überquerend durch die Ortsteile von Egga, Widum, Sisetsch, Trolera, Rieder nach **Esch (2)** hinab. Hier biegen wir nach Norden ab und erreichen gleich den steilen Abbruch. Über einen sehr geschickt angelegten Steig in senkrechten Felsen gelangen wir in den Wald und weiter hinunter bis an die Weinberge, **Riedboden (3)** genannt. Rechts (östlich) auf Sandsträßchen schließlich hinab zur **Vispa (4)**. Hier halten wir uns am Fahrweg talauswärts, unterqueren die Straße des Mattertal-Zufahrttunnels und gehen entlang der Vispa die etwa 3 km nach **Visp (5)** auf einem Teilstück des Planetenwegs Visp – Stalden.

Die zur Morgensonne hin ausgerichteten Reben von Zeneggen. In diesem Steilgelände bedeutet Weinanbau noch viel anstrengende Handarbeit – mit viel Einsatz werden auch alte Sorten wieder kultiviert.

Stille Wanderung längs einer Wasserleitung – »Adlerpfad«

Wie viele andere historische Wasserleitungen im Wallis musste auch die aus dem Turtmanntal kommende Leitung stellenweise in Felswände gehauen werden und führt ansonsten durch steile Waldhänge; sie leitet das Wasser der Turtmänna in den Bereich der Wiesen und Felder von Ergisch. Beim Rückweg eine Stufe höher haben wir schöne Blicke von der Alpe Alpetjini ins Turtmanntal und auf die Gletschergipfel um das Weisshorn. In dieser Region sind Steinadler heimisch, am Weg finden sich Informationstafeln zum Leben dieser majestätischen Vögel.

Talort und Ausgangspunkt: Ergisch, 1086 m; auf schmaler Straße von Turtmann aus dem Rhônetal erreichbar, Postautoverbindung (etwa 8 Kurse täglich).
Höhenunterschied: 690 m.
Anforderungen: Bergwanderung auf guten Wegen und Steigen, allerdings mit einigen recht ausgesetzten Stellen.
Einkehr: Gasthäuser in Ergisch.

Vom Ortszentrum in **Ergisch (1)** geht man kurz zum oberen Fahrweg hinauf. Gleich nach den letzten Häusern zweigt unser Weg links aufwärts ab und quert ansteigend den Wiesenhang zur **Wasserleitung (2)**. Damit kann der mühelose Teil der Wanderung beginnen. Immer am Wasser entlang, vorbei an steilen Felswänden, durch dichten Hochwald, dann auch wieder durch trockene Steilhänge ohne starken Bewuchs. Langsam nähert man sich dem Talgrund, das Rauschen der Turtmänna wird immer lauter und bei der Wasserfassung wird sie auf einer **Brücke (3)**, 1365 m, überquert. Kurz geht es aufwärts zum alten Turtmanntal-Ziehweg, dem man nun weiter talein-

Unterwegs auf der Ergisch-Wasserleitung ins Turtmanntal.

wärts folgt, immer etwas unterhalb der Fahrstraße und dabei unterhalb von **Hübschweidi** vorbei. Nach einem Kilometer zweigt der Weg links ab und überquert wieder den Bach – nach rechts könnte man in wenigen Metern die Turtmanntal-Fahrstraße erreichen.

Nach der **Brücke (4)** mit der Hinweistafel »Adlerhorst-Blick« steigt der Pfad im Wald zunächst gemächlich, nach einer kleinen Lichtung dann recht steil in vielen Kehren an und quert nach 200 Hm die Flanke zu den freien Alphängen von **Alpetjini (5)**. Damit ist ein Ziehweg erreicht, auf dem man, an der Kapelle **St. Anton (6)** vorbei, in Kehren durch den Wald unter Obermatte vorbei und schließlich nach **Ergisch (1)** mit seinen wunderschönen Holzhäusern zurückkehrt.

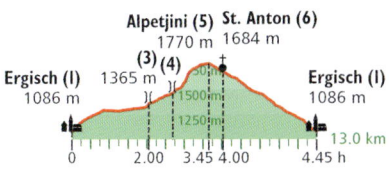

147

Aus dem Turtmanntal ins wildromantische Meidtälli mit seinen Seen

Das Turtmanntal ist das einzige größere Seitental der Rhône im Wallis, das touristisch noch praktisch unerschlossen ist. Außer Alpwirtschaft und einem kleinen Wasserkraftwerk gibt es hier nur wenig menschliche Eingriffe in die Natur; früher wurden kleinere Erzgruben ausgebeutet. Die hier vorgeschlagene Wanderung in diesem stillen Seitental steht so vollkommen im Kontrast zu den bekannten Zielen in den Nachbartälern – trotzdem ist es hier nie langweilig, sorgen doch die kleinen Seen mit unterschiedlichen Färbungen genauso wie der prächtige Blick auf das Weisshorn für einen optischen Hochgenuss. Wer klettergewandt ist, kann sich vom Meidpass aus am Meidspitz-Südgipfel versuchen (Stelle II). Und wer absolut noch unausgelastet ist, könnte vom Passanstieg auf einem schwach ausgeprägten Pfad kurz vor den obersten Schuttströmen in Aufstiegsrichtung nach rechts abzweigen (Steinmann) zum nahen Borterpass und weiter zum Pas de Boeuf und zur berühmten Bella Tola ansteigen (1½ Std.) – dies ist der schönste Zugang zu diesem Aussichtsberg, da die andere Seite doch erheblich durch ein Skigebiet beeinträchtigt wurde.

Im Abstieg vom Meidpass am Meidsee, hinten zeigt sich das Schwarzhorn.

Talort und Ausgangspunkt: Gruben-Meiden, 1833 m, im oberen Turtmanntal, siehe auch Tour 43.
Höhenunterschied: 960 m.

Anforderungen: Leichte Bergwanderung auf gutem Weg, ausreichend markiert.
Einkehr: Restaurant in Gruben-Meiden. Unterwegs keine Einkehrmöglichkeit.

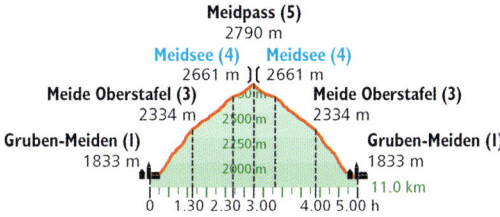

Der Weg beginnt am Weiler **Gruben-Meiden (1)** und führt sofort über den Bach, die Turtmänna, um kurz darauf, noch vor den nächsten Häusern, nach rechts abzubiegen. In angenehmer Steigung, wechselnd durch Bergwald und freie Flächen, zieht der Weg über die Steilstufe hinauf, oberhalb einer kleinen Felszone quert er dann über der Waldgrenze zu der hübschen **Alpsiedlung Meide / Mittelstafel (2)** und, nach Querung des Fahrweges, zum **Oberstafel (3)**. Dort lohnt sich eine ausgiebige Rast, zeigt sich doch das Weisshorn hier als spitzes Dreieck.

In fast schon gemütlicher Steigung führt nun der Weg in das hintere Meidtälli – auffällig stehen hinten die verwitterten Felstürme der Meidzänd über vielfarbigen Schuttfeldern. Nach einer kurzen Geländestufe kommen wir am **Meidsee (4)** vorbei, dann folgt die letzte Querung durch Schuttströme (auch hier in feinen Farbnuancen) und mit wenigen Kehren ist der **Meidpass (5)** erreicht. Von hier Sicht ins Turtmanntal und Blick über die weiten Alp- und Schotterflächen in Richtung St-Luc im Val d'Anniviers. Der **Rückweg** erfolgt auf dem Anstiegsweg.

Beschauliche Wanderung mit großem Weisshorn-Blick

Bei dieser Wanderung bieten sich sehr schöne Ausblicke auf die Weisshorn-gruppe und das Gebiet der Turtmannhütte um den Brunegg- und Turtmann-gletscher. Bei einer Umrundung des Stausees können wir einen Eindruck von der Gewalt der Gletscherbewegungen bekommen, wenn wir die weiten schutt- und sandgefüllten Flächen im Vorfeld des Sees betrachten.

In früheren Zeiten wurde in diesem Tal Bergbau betrieben, dessen Spuren an verschiedenen Stellen noch gut zu erkennen sind. Das Turtmanntal ist bislang sehr ruhig geblieben und bietet einsame Wanderungen ohne den großen Touristenrummel der benachbarten Täler und obendrein eine besonders interessante Flora. Als Abstecher kann man in einer guten Stunde vom Stausee zur Turtmannhütte aufsteigen.

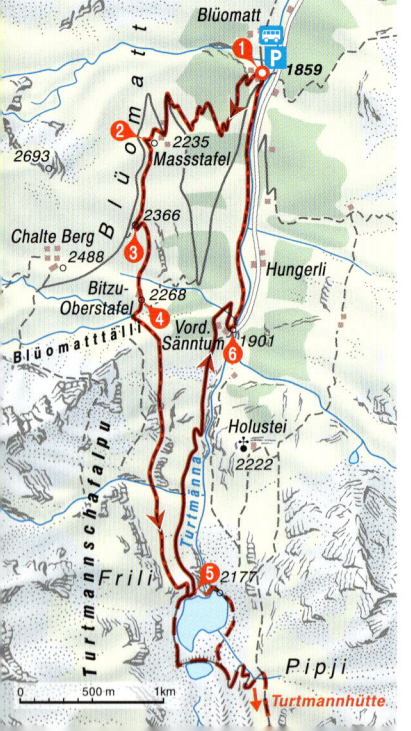

Talort: Gruben-Meiden, 1833 m; oberster, nur im Sommer bewohnter Ort im Turtmanntal. Seilbahn von Turtmann nach Oberems am Talausgang, Bus.

Ausgangspunkt: Blüomatt, 1859 m, Alpsiedlung etwa 1 km südl. von Gruben-Meiden. Parkmöglichkeiten an der Brücke über die Turtmänna bei Blüomatt.

Höhenunterschied: 510 m.

Anforderungen: Einfache Wanderung auf gut markierten Wegen, allerdings an zwei kurzen Stellen sehr steil und ausgesetzt (Umgehung von Murengräben).

Einkehr: Unterwegs keine Möglichkeit.

Zur Alpe Chalte Berg führt ein Fahrweg, wir zweigen aber gleich hinter der Brücke nach rechts zu einer Häusergruppe ab (Wegweiser, die Siedlung **Blüomatt (1)** bleibt noch gut 300 m weiter nördlich liegen). In Serpentinen steigen wir durch den Hochwald zur Alpfläche **Massstafel (2)**, wo wir wieder auf den Fahrweg treffen. Eine seiner Kehren schneidet man auf dem Pfad über die blumenreichen Alpen ab, dann folgt man dem Sträßlein südwärts nur

Schon im Aufstieg nach Blüomatt öffnet sich der Blick auf Bishorn und Weisshorn.

noch leicht ansteigend ins Blüomatt-Tälli. Bevor die Straße in das Tal richtig einbiegt, zweigt unser Weiterweg bei **Punkt 2366 m (3)** nach links abwärts ab. Nach wenigen Kehren leitet der Weg am **Bitzu-Oberstafel (4)** vorbei (Steilabstieg ins Tal möglich) über den Sänntumbach und dann fast eben nach Süden bis zum kleinen **Turtmann-Stausee (5)** – an zwei Stellen muss man jedoch auf steilen und ausgesetzten Trittspuren ins Gelände ausweichen, da Bergstürze den Weg zerstört haben.

Es lohnt sich, den kleinen See zu umrunden. Für den Rückweg gehen wir auf dem Fahrweg gemütlich talwärts zum **Vorderen Sänntum (6)**, dem Ende der befahrbaren Straße. Auf der Westseite der Turtmänna führt der Fußweg zurück nach **Blüomatt (1)**, die Fahrstraße verläuft ostseitig.

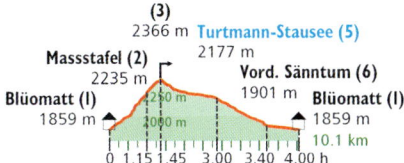

151

Herrliche Höhenroute mit großen Bietschhorn-Blicken

Das Lötschental zählt zu den ruhigen und ursprünglich gebliebenen Seitentälern der Rhône mit schönen Dörfern und vielen gut erhaltenen Holzhäusern. Der Lötschentaler Höhenweg ist allerdings kein Geheimtipp, doch er hat seine Berühmtheit auch völlig zu recht! Die Ausblicke aus dem Bereich der Waldgrenze auf die Eisgipfel, insbesondere auf das Bietschhorn, sind einfach großartig, ganz besonders wenn diese sich dann im stillen Schwarzsee spiegeln! Unser Wandervorschlag endet an der Lauchernalp, wo man mit der Seilbahn nach Wiler hinabschweben kann. Das ist je nach Kondition natürlich sehr angenehm, leider ist damit aber auch eine – in unseren Augen übertriebene – Skierschließung des Bereiches darüber verbunden. Einen hochinteressanten Einblick in das Leben früherer Generationen in diesem damals sehr abgelegenen Tal gibt uns auch das Lötschentaler Museum in Kippel.

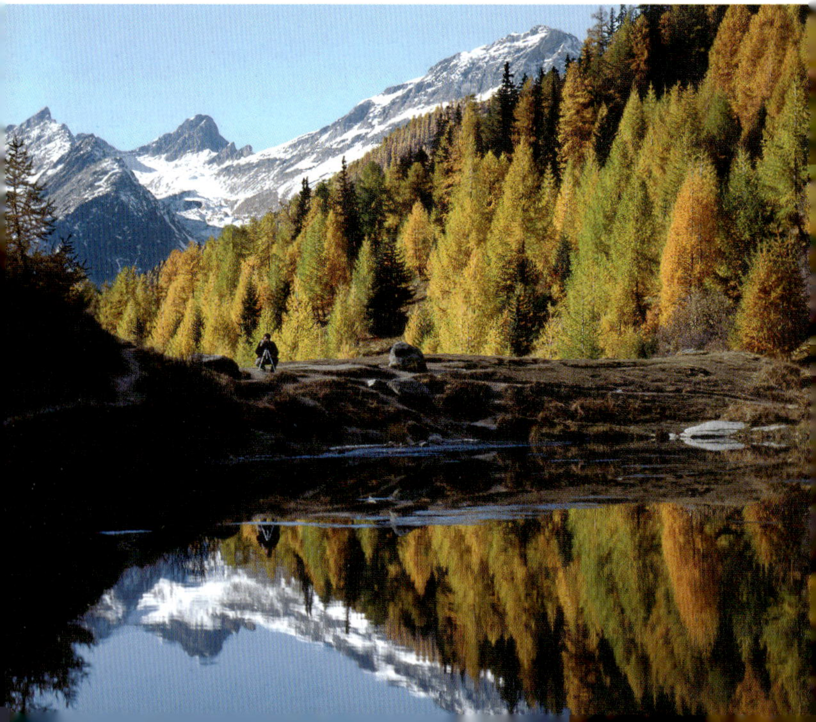

Talort: Kippel, 1376 m; Hauptort des Lötschentals. Sehr gute Postautoverbindung mit Gampel / Steg (Rhônetal) über Goppenstein (Bahnhof der Lötschberg-Linie).

Ausgangspunkt: Gletscherstafel (Fafleralp), 1763 m; kleine Ansiedlung im hintersten Lötschental, Endstation der Postautolinie im Sommer, großer Parkplatz.

Höhenunterschied: 430 m im Aufstieg, 230 m Abstieg bis Lauchernalp, zusätzlich 570 m bis Wiler.

Anforderungen: Leichte Bergwanderung auf guten, markierten Wegen.

Einkehr: Auf Tellistafel; mehrere Restaurants auf der Lauchernalp.

Von der Bushaltestelle am Parkplatz **Gletscherstafel (1)** geht man nur wenige Meter nordwärts in Richtung »Inners Tal« und erreicht dann auf dem Fahrweg die Häuser von **Fafleralp (2)**. Unterhalb des Waldrandes eben in das »Uisters Tal«; auf der anderen Seite wieder heraus und ansteigend, um den bewaldeten Rücken herum zum **Schwarzsee (3)**, einem beliebten und sehr fotogenen Rastplatz. Kaum ansteigend führt der gute Weg weiter in das Tal »Im Tellin«; bei den Hütten des **Tellistafel (4)**, 1865 m, zweigt der Höhenweg von dem in Richtung Wyssried hinableitenden Fahrweg nach rechts durch den Wald zu den oberhalb liegenden Alpflächen ab. Über diese Aussichtsterrasse leicht ansteigend zu den Hütten von **Weritzstafel (5)**. Auf dem Fahrweg nur bis über den Tännbach, kurz danach zweigt der Höhenweg wieder rechts ab **(6)**, an Steinegga vorbei in den Einschnitt des **Milibachs (7)**. Es lohnt als Abstecher noch auf Wegspuren kurz zum Aussichtspunkt Arbächnubel, 2239 m, hinaufzusteigen! Auf dem Weg nach Arbegga absteigen und zuletzt auf dem Sträßchen zur Bergstation der **Lauchernalp-Seilbahn (8)**. Mit der Seilbahn nach **Wiler (9)** hinab (zu Fuß in 1¼ Std.).

Herrliche Spiegelungen am Schwarzsee, auch im Herbst noch eine Empfehlung.

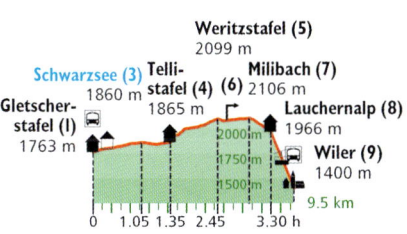

153

Zwei grundverschiedene Wege zur Unterkunft der Lötschentaler Berg-führer hoch über dem Langgletscher

Diese Wanderung führt uns weit in das Lötschental hinein, wir bekommen imposante Ausblicke auf die teilweise vergletscherte Nordseite des Bietschhorn-Kammes. Ein besonderes Kleinod ist der kleine Guggisee, in dem sich bei windstillem Wetter die Berge spiegeln. Die Hütte wurde 2007 von einer Lawine dem Erdboden gleichgemacht; nun ist sie mit starken Absicherungen neu aufgebaut und bietet dem Wanderer Erfrischung, Speisen und Unterkunft. Im Abstieg können wir als Alternative zum Anstiegsweg (der bei Nachmittagslicht auch wieder schöne Eindrücke beschert), zum Gletschertor des Langgletschers gehen, aus dem die Lonza, ein starker Gletscherbach, strömt.

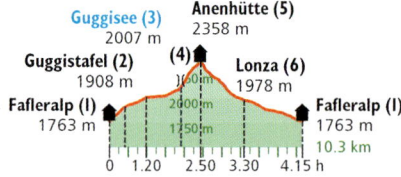

Talort und Ausgangspunkt: Großer Parkplatz am Straßenende bei Gletscherstafel (Fafleralp), 1763 m. Bus in den Sommermonaten.
Höhenunterschied: 610 m.
Anforderungen: Wanderung auf guten, markierten Wegen, nur am Abstecher zum Gletschertor geht es durch die Wildnis.
Einkehr: Die Anenhütte ist von Juni bis in den Oktober hinein bewirtschaftet. Es besteht auch die Möglichkeit zu nächtigen, Tel. 079/8646644, www.anenhuette.ch.

Herbstliche Farbenwunder im Bereich der Gugginalp.

Vom Parkplatz **Fafleralp (1)** am Kiosk vorbei und sofort auf schmalem Pfad nordöstlich auf dem Felsrücken der Gletscherfluh aufsteigen. Zwischen einigen Chalets weiter am Gratrücken in lockerem Wald empor, wobei der Pfad mehrfach auf die linke und rechte Seite des Rückens wechselt (rechts steile Abstürze über gletschergeschliffene Platten hinab zur Lonza). Unter der **Guggistafel (2)** wird es in einer Rinne nochmals steil, dann ist die Alp erreicht. Zwischen den Hütten höher zu einem Weg, der uns nordostwärts auf die weiten Flächen der Gugginalp und wenig später zum kleinen **Guggisee (3)** bringt. In der Ferne ist schon die Anenhütte zu erkennen, die sich gegen den Eisstrom des Langgletschers abhebt. Oberhalb der Lötschenlücke die Hollandiahütte, ebenfalls mit freiem Auge zu erkennen. Mehr als eintausendfünfhundert Meter ragen Tschingelhorn und Breithorn über uns auf, das Bietschhorn auf der anderen Seite hebt seinen Gipfel fast in die Viertausenderregion. Der Weg schlängelt sich nun durch einen grobblockigen Fels-

Der Langgletscher von Westen. Über der Lötschenlücke die Hollandiahütte.

sturz, danach geht es eben hinüber ins kleine Jegital, aus dem der tief eingeschnittene **Anenbach (4)** rauscht. Zur **Anenhütte (5)** sind es noch 250
Höhenmeter über felsdurchsetzte Wiesen. Dieses erst in den Neunzigerjah-
ren errichtete Bauwerk wurde im März 2007 von einer riesigen Staublawine
völlig zerstört und noch im Winterhalbjahr (!) am selben Ort wieder errichtet.
Man hofft, dass dieses »300-Jahre-Ereignis« so schnell nicht wieder eintritt,
hat jedoch auch bauliche Vorkehrungen gegen Lawinen getroffen.
Für den Abstieg gehen wir südlich der Hütte zur rechten Moräne des Langgletschers hinab und folgen dem Weg bis in den Talboden. Kurze Zeit später
führt eine Holzbrücke über die **Lonza (6)**, deren Wasser gerade den **Langgletscher** verlassen haben.
Wer den urweltlichen Ort am Gletschertor sehen will, kann nach der Brücke
etwa eine Viertelstunde talaufwärts gehen und steht dann vor einem grandiosen Chaos aus Eis, Wasser und Stein. Für den Abstieg zurück zur Brücke
und auf gutem Weg im Talgrund zum Parkplatz an der **Fafleralp (1)**.

Unterwegs in urwüchsiger Landschaft zu einer einsamen Hütte

Die Wanderung führt aus dem Lötschental durch die Hochwaldregion am steilen Berghang in die karg bewachsene, geologisch hochinteressante Zone am Nordabfall der Bietschhorngruppe, der Bereich unter dem Nesthorngletscher ist besonders eindrucksvoll. Die Bietschhornhütte ist eine ursprüngliche SAC-Hütte, fernab vom modernen »Berghotel«-Status. Eine Übernachtung wäre gewiss ein tolles Erlebnis, aber bitte vorher telefonisch anmelden, um eine Überfüllung der Hütte zu vermeiden und der Wirtin Anni Imstepf-Wenger das Vorbereiten des Abendessens zu erleichtern.

Die Bietschhornhütte ist noch eine echte Bergsteigerunterkunft, rechts oben das Bietschhorn.

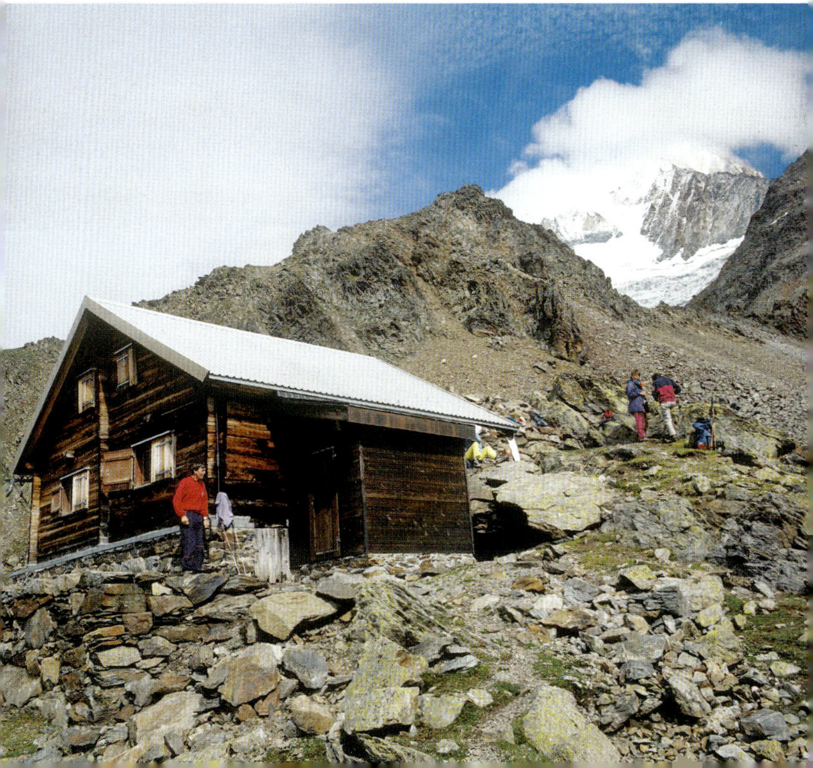

Talort und Ausgangspunkt: Ried im Lötschental, 1486 m; kleiner Ort zwischen Wiler und Blatten mit schönen alten Häusern. Bushaltestelle der Linie Goppenstein – Fafleralp (fast stündliche Kurse).

Höhenunterschied: 1080 m.

Anforderungen: Einfache Bergwanderung auf guten, aber auch steil angelegten Steigen in rauem Hochgebirgsgelände.

Einkehr: Bietschhornhütte, 2565 m; Hütte des Akademischen Alpenclubs Bern mit 22 Plätzen, von ca. Mitte Juli bis Ende August voll bewirtschaftet, ab Ende Juni und im September an den Wochenenden. Stützpunkt für die Kletteranstiege zum Bietschhorn, im Falle einer geplanten Übernachtung bitte unbedingt vorher reservieren: Tel. 079/3058594, www.aacb.ch/huetten.

Von **Ried (1)** geht man wenige Meter taleinwärts an der Straße entlang, um dann nach rechts über die Lonza und die Wiesen von Birchmatte zum Bergwald zu gelangen. Steil führt der kleine Weg durch den schönen Hochwald, Nestwald genannt, aufwärts und erreicht knapp oberhalb der Schlucht des Nestbaches freies Gelände. In diesem Bereich der **Nestalp** zieht der Weg weiterhin steil durch Heidelbeerfelder und niederes Buschwerk immer näher an das rauschende Wasser heran, bis man dieses auf einer **Brücke (2)**, 1978 m, überquert. Wenige Meter weiter oben mündet der Anstiegsweg von Wiler ein – eine Varian-

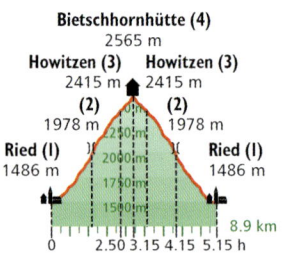

te, wenn man in Wiler starten will, weil man beispielsweise dort Unterkunft hat. Mageres Moränengelände bildet die Kulisse der nächsten Etappe, die Umgebung wird immer »alpiner«, und es ist kaum vorstellbar, wie aus diesem Kessel ein normaler Steig nach oben weiterführen soll. Ein Band entlang einer geologischen Schichtung ermöglicht dann den Ausweg. Mit vorzüglicher Aussicht gelangt man an die Geländekante **Howitzen (3)**, wo der Blick ins nächste Kar und zur nun nicht mehr fernen Hütte frei wird. Ein Stück am »Howitzgrat« entlang, dann über ein Schotterfeld und zuletzt über einen Moränenrücken steigt man schließlich zur **Bietschhornhütte (4)** auf – wieder überragt das Bietschhorn die felsige Szenerie. Der **Rückweg** erfolgt auf der Anstiegsroute.

Auf diesem Foto werden die Größenverhältnisse des Fastviertausenders Bietschhorn deutlich.

Höhenweg über dem äußeren Lötschental

Schon die Auffahrt mit der kleinen Luftseilbahn über die Trockenhänge des Rhônetals nach Jeizinen ist ein Erlebnis. Von hier haben wir ideale Ausblicke auf die Walliser Alpen, insbesondere auf die Weisshorngruppe. Im weiteren Verlauf der Wanderung bekommen wir zunehmend bessere Sicht ins Lötschental und auf das darüber aufragende Bietschhorn. Dieser Höhenweg über dem Lötschental ist bislang weit weniger bekannt als der Lötschentaler Höhenweg (Tour 44), ist jedoch auch konditionell etwas mehr fordernd.

Ausblick vom Heruhubel ins oberste Lötschental, rechts darüber das Bietschhorn.

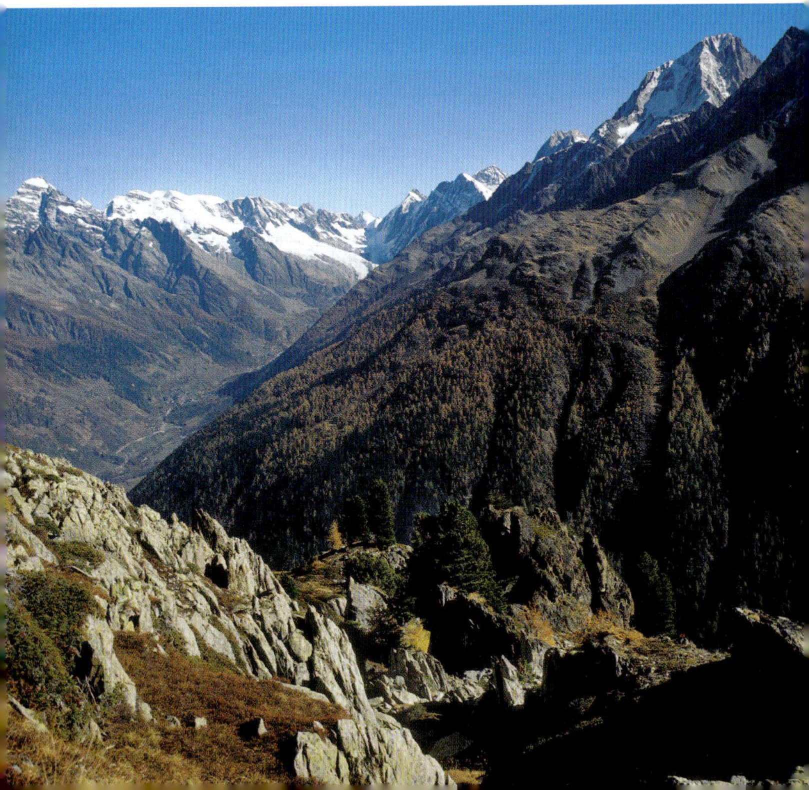

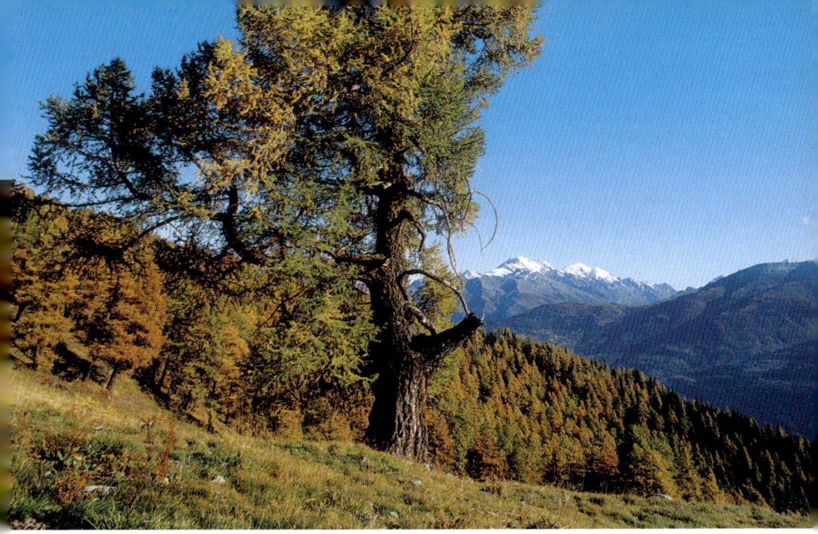

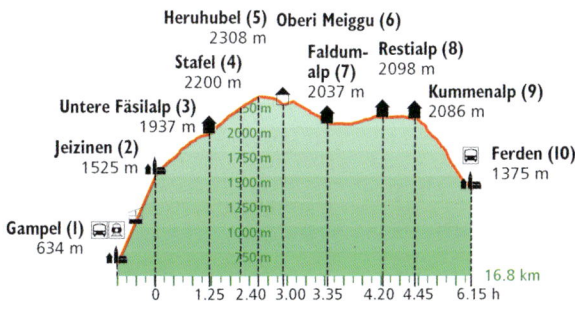

Herrliche Lärchen am Weg von Jeizinen zur Alpe Stafel.

Talort und Ausgangspunkt: Gampel, 635 m; Talort im Rhônetal am Ausgang des Lötschentals; Bahnhof der SBB-Linie im Rhônetal (liegt etwas südlich des Ortes), Busverbindung ins Lötschental. Von Gampel-Steg mit der Seilbahn (Betrieb ganzjährig etwa stündlich zwischen 7 und 21 Uhr) nach Jeizinen, 1525 m; Siedlung hoch über der Ausmündung des Lötschentals ins Rhônetal.
Endpunkt: Ferden, 1375 m; im Lötschental gelegener Ort, regelmäßige Postautoverbindung über Goppenstein mit Gampel im Rhônetal.
Höhenunterschied: 800 m.
Anforderungen: Leichte und problemlose, aber insgesamt lange Wanderung auf guten Wegen.
Einkehr: Restaurants auf der Unteren Fäsil-, Faldum-, Resti- und Kummenalp, www.rhone.ch/rieder-werlen, dazu auch in Jeizinen, www.pension-park.ch, und Ferden.

Heruhubel (5)
2308 m
Oberi Meiggu (6)
Stafel (4)
2200 m
Faldumalp (7)
2037 m
Restialp (8)
2098 m
Untere Fäsilalp (3)
1937 m
Kummenalp (9)
2086 m
Jeizinen (2)
1525 m
Ferden (10)
1375 m
Gampel (1)
634 m
2000 m
1750 m
1500 m
1250 m
1000 m
750 m
16.8 km
0
1.25
2.40
3.00
3.35
4.20
4.45
6.15 h

Von **Gampel (1)** fährt man mit der Luftseilbahn zur Bergstation **Jeizinen (2)** hinauf. Dann geht man wenige Schritte durch den Ort zur Fahrstraße, dort kurz nach links und sodann auf dem Wanderweg im Wald am Graben aufwärts zur **Unteren Fäsilalp (3)**, einer kleinen Siedlung von Alp- und Ferienhäusern mit Restaurant im kleinen Liftgebiet – hierher auch auf geteerter Straße mit eigenem Pkw oder Taxi.

Der weiterführende Alpfahrweg leitet nun in einer großen Kehre zur Oberen Fäsilalp, auch **Stafel (4)** genannt; hier, oberhalb der Waldgrenze, hat man freie Sicht auf die westlichen Walliser Alpen. Nach dem kurzen Aufstieg zum **Heruhubel (5)** öffnet sich dann der Blick auch Richtung Osten und hinab ins Lötschental.

Der Weg führt nun mit prächtiger Aussicht am Hang entlang, schließlich an der Alpe **Oberi Meiggu (6)** vorbei – hier gibt es einen besonders schönen Rastplatz – und quert dann den Steilhang mit seinen Lawinenverbauungen zur **Faldumalp (7)**.

Wer es eilig hat, kann von hier auf dem Fahrweg direkt nach Ferden absteigen, sonst lohnt sich unbedingt der Weiterweg an der **Restialp (8)** vorbei zur **Kummenalp (9)**.

Hier ist dann das Lötschental in voller Länge einzusehen, überragt vom alles dominierenden, regelmäßigen Dreikant des mächtigen Bietschhorn. Der Abstieg erfolgt entweder auf dem Fahrweg oder aber weitaus schöner und interessanter auf dem teilweise steilen Fußweg direkt nach **Ferden (10)** hinab. Rückfahrt nach Gampel mit dem Postauto.

Trockenbiotope und eine verwegene Schluchtbrücke

Die sonnenverwöhnte Südabdachung der Berner Alpen bietet in Talnähe höchst interessante Trockenhang-Vegetation und im Bereich von Getwing zusätzlich eine einmalige Besonderheit: hier wächst der Perückenstrauch als Wildform, sonst findet man diesen Busch außer in Gärten nur in Südosteuropa. Aber dies ist – außer für Botaniker – nicht das wirklich Faszinierende, vielmehr muss man das im Herbst gesehen haben: der ganze Hang scheint in Flammen zu stehen, denn die Büsche nehmen eine orange bis feuerrote Färbung ein! Solch intensive Farben wird man zu Hause in unseren Gärten nie erleben können. Beim weiteren Aufstieg kommen wir an die Hohe Brücke (Teufelsbrücke) über die enorm schmale, aber tiefe Schlucht des Feschelbaches; die neue Straßenbrücke steht nur wenig unter der atemberaubend kühn gebauten Steinbrücke aus dem Mittelalter, um die sich ähnliche Sagen ranken wie um die Schöllenenschlucht auf der Gotthardstrecke.

Diese Wanderung ist lohnend im Frühsommer (Blumen!) und dann ganz besonders wegen der Färbung im Spätherbst, wenn auf den höheren Bergen vielleicht bereits der erste Schnee liegt.

Perückensträucher im Herbst (ca. Mitte bis Ende Oktober).

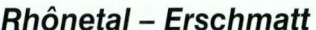

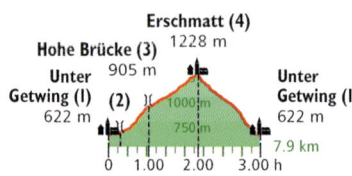

Erschmatt (4)
1228 m

Hohe Brücke (3)
905 m

Unter
Getwing (I)
622 m

(2)

1000 m

750 m

Unter
Getwing (I)
622 m

7.9 km

0   1.00   2.00   3.00 h

Talort und Ausgangspunkt: Getwing, 622 m; mehrere kleine Ortsteile im Rhônetal, am Fuß der Trockenhänge der Berner Alpen zwischen Leuk und dem Lötschental gegenüber von Turtmann.
Höhenunterschied: 610 m.
Anforderungen: Einfache Wanderung auf markierten Wegen.
Einkehr: In Erschmatt, 1228 m.

Von **Unter Getwing (1)** geht man auf dem schmalen Sträßchen durch einige Reben- und Obstkulturen noch gut 600 m weit rhôneabwärts. Wo die Fahrstraße im rechten Winkel auf den Fluss zuführt, zweigt nach rechts unser Pfad ab, überquert auf einer **Brücke (2)** einen Wassergraben und steigt dann ziemlich gleichmäßig über den Talhang (»Platten«) an. Hier ist die Vegetation an die extreme Trockenheit und große Sonnenbestrahlung hervorragend angepasst, fast unwirklich erscheint im Herbst die Färbung des Perückenstrauches und wir können dieses Farbwunder ganz aus der Nähe bestaunen. Beim Erreichen der Bergstraße sollte man unbedingt die wenigen Meter nach links bis zur **Hohen Brücke (3)** gehen: Man kann hier alte Brückenbaukunst bewundern – vor allem an dieser verwegen ausgesetzten Stelle. Der weitere Fußweg kürzt die nächsten zwei Kehren der Straße ab und folgt dann dem alten Karrenweg bis nach **Erschmatt (4)** mit seinem schönen Dorfzentrum. Dabei quert man ein jüngeres Waldbrandstück, das interessanterweise mit ganz anderen Pflanzen neu besiedelt wurde, als sie in den Trockenhängen gleich nebenan vorkommen.

Der Weg verlässt Erschmatt in südöstlicher Richtung abwärts, überquert wieder die Straße, trifft wenig tiefer auf die neue Zufahrtsstraße von Getwing und führt stellenweise steil, aber gut begehbar zu einem kleinen Graben, der vom Nachbarort Bratsch herabkommt. Ihm entlang in einigen Kehren abwärts; bald gelangt man in die ersten Weinberge und schließlich nach **Getwing** zurück.

Rechts: Wie Feuer leuchten die Perückensträucher über dem Rhônetal.

Atemberaubender Ziehweg mitten durch ein wildes Felsentheater

Der Gemmipass ist ein uralter Passübergang, schon Goethe beging ihn auf einer seiner Schweizreisen. Zu anderen Zeiten wurden honorige Reisende sogar in Sänften über den Pass getragen, und wenn jemand Schwindelgefühle hatte, zog man eben den Vorhang zu! Tatsächlich gibt es kaum einen vergleichbaren Weg über einen Alpenpass, denn von unten in Leukerbad erscheint es unglaublich, dass durch diese Felsflanke etwas anderes als ausschließlich schwierigste Kletterwege ziehen könnten – und dann führt da ein breit angelegter Ziehweg mittendurch!
Wem nach dem steilen Aufstieg der Abstieg zuviel ist, kann auch ganz gemütlich mit der Seilbahn hinabfahren nach Leukerbad, und auch aus der Luft sind die Ausblicke in die Wände faszinierend.

Talort und Ausgangspunkt: Leukerbad, 1424 m; Sport- und Badeort im obersten Tal der Dala. Nahezu stündliche Busverbindungen mit Leuk (SBB-Station).
Höhenunterschied: 920 m.
Anforderungen: Guter und fast durchwegs mehr als einen Meter breiter Weg,

der steil und mit Stufen gebaut direkt durch die nahezu senkrechten Gemmiwände zieht; durchgängig auf der Außenseite ein Seilgeländer (wird im Spätherbst jeweils abmontiert). Schwindelfreiheit erforderlich!
Einkehr: Restaurant an der Bergstation der Gemmipass-Seilbahn, www.gemmi.ch.

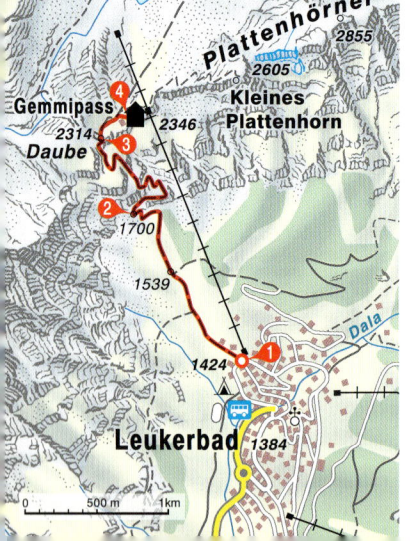

Der Weg zum Gemmipass beginnt an der Seilbahn-Talstation in **Leukerbad (1)** und führt direkt auf die Felswände unter dem Pass zu – unmöglich sich vorzustellen, wo durch dieses Labyrinth aus Kanten, Pfeilern, Absätzen, Wänden und Schluchten ein guter Weg durchführen soll. Ein paar letzte Kehren im lichten Wald und auf einer begrasten Schuttreise, dann haben wir die erste Felswand, **1700 m (2)**, erreicht; auf einem Band quert der Weg an die Kante der auffallenden, großen Schlucht, die in Richtung Passeinschnitt die Wandflucht unterbricht. In kurzen Kehren windet sich der Weg nun direkt steil aufwärts, zieht weiter oben einmal fast bis in die

Durch fast senkrechte Felswände zieht der Gemmiweg.

glattgeschliffene Schlucht hinein, um dann durch steilste Felswände wieder zur Kante zurückzuleiten – das Wort spektakulär kann diese Anlage nur reichlich unvollkommen beschreiben! Weiter geht's in steilen Kehren, zumeist mit Stufen versehen, »himmelwärts«, bis sich endlich das Gelände etwas zurücklegt und man den Pass über sich erkennen kann. Noch ein kürzeres Felsband muss überwunden werden, dann endlich geht's diagonal ein Schotterfeld querend zum **Gemmipass (3)** hinauf. Von der Einschartung sind es dann nur mehr ein paar Meter zur **Bergstation (4)** mit dem Restaurant – hier werden wir wohl endlich auch die schöne Fernsicht zu den Walliser Hochgipfeln bewundern können, während auf der anderen Passseite der grünblaue Daubensee mit dem vergletscherten Wildstrubel einen reizvollen Kontrast setzt. Der **Abstieg** erfolgt auf dem Aufstiegsweg – oder mit der Seilbahn.

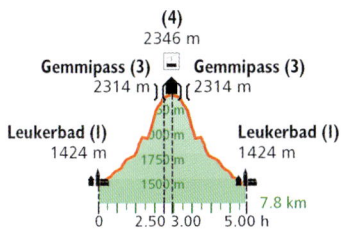

167

Sonnige Bergtour zu einem unerwartet großartigen Aussichtspunkt

Dies ist eine der wenigen Unternehmungen in diesem Wanderführer, für die ein eigener Wagen oder ein Taxi sinnvoll ist, da die oberste Postauto-Halte-stelle doch zu weit unten im letzten Ort Guttet liegt (zusätzlich fast 500 Hm). Das ganze Gebiet begeistert durch die ideale Aussicht über das mittlere Rhô-netal, gegenüber präsentieren sich die Walliser Hochgipfel wie an einer Per-lenkette. An der Waldgrenze stehen malerische alte Lärchen, ein besonders eindrucksvoller Vordergrund für das Panorama.

Talort: Leuk Stadt, 731 m, gut erhaltener alter Ort mit schönem Stadtplatz, von Weinbergen umgeben, am Eingang des Leuker Tals, 120 Meter über der Rhône. Sehenswert sind die Stadtkirche und die frisch renovierte Ringackerkapelle.
Ausgangspunkt: Von Susten im Rhône-tal über Leuk nach Guttet am »Leuker Sonnenberg«. Von der Verbindungsstra-ße nach Feschel zweigt eine schmale, geteerte Alpstraße ab und führt bis zur Waldgrenze unterhalb Obern auf etwa 1800 m; ab hier ist die Straße gesperrt, am Straßenrand parken (bei Weidebe-trieb im Sommer ggf. besser ein Stück weiter unten im Waldbereich).
Höhenunterschied: 640 m.
Anforderungen: Bis Obere Guggerhu-bel unschwierige Wanderung, im oberen Teil muss der Weg gesucht werden.
Einkehr: In den Restaurants von Leuk, Guttet und Feschel.

Vom **Parkplatz (1)** auf der kleinen Straße noch etwa hundert Meter weiter zu einem Brunnen. Hier wird das Sträßchen verlassen, und über einen steilen, von starken, solitär stehenden Lärchen bewachsenen Wiesenhang geht ein Pfad hinauf zur Alpe **Obern (2)**. Weiter in westli-cher Richtung auf einem steilen Weg, der für Mountainbikes etwas ausgebaut wurde. Es geht über baumbestandene Wiesen zum **Obe-ren Guggerhubel (3)** mit einem kleinen Sattel, über den ein Zaun und eine Mauer läuft. Wir über-schreiten sie nicht, sondern wenden

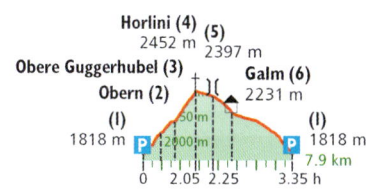

Ein prächtiger Aussichtsplatz: Guggerhubel am Anstieg zum Horlini.

uns vorher rechts bergwärts auf Pfadspuren höher. Die Vegetation wird spärlicher, schiefriger Kalk tritt hervor, und immer wieder können wir Wegspuren folgen. Der breite Rücken des **Horlini (4)** wird nun schmäler, die Sicht dagegen öffnet sich weit und umfassend, ja überwältigend. Vom Mont Blanc im Westen bis zum Monte Leone im Osten stehen all die großen Berge vor uns und die Spitze des Bietschhorn grüßt aus dem Lötschental.

Für den Abstieg überschreiten wir die Felsen des Horlini, gehen über den begrasten Rücken nach Norden abwärts zu einem **Sattel (5)** und steigen nach Osten zu einem Weg nach **Galm (6)** ab. Ihm folgen wir bis zur Alp **Obern (2)**; von dort wie beim Aufstieg hinunter zum **Parkplatz (1)**.

Horlini (4) (5)
2452 m 2397 m
Obere Guggerhubel (3)
Obern (2)
Galm (6)
2231 m
(I)
1818 m
(I)
1818 m
2500 m
7.9 km
0   2.05 2.25   3.35 h

169

Hoch über Rhône- und Dalatal

Diese Wanderung führt uns auf eine weite Alpfläche hoch über Sierre unterhalb des Trubelstocks. Beim Aufstieg bekommen wir einen Einblick in die schräge Gleitfläche, wo zum Ende der letzten Eiszeit eine gewaltige Felsmasse auf den zurückschmelzenden Gletscher abgeglitten ist und heute in Form der charakteristischen Hügel des Pfynwaldes bei Sierre erhalten ist.

Dass man von dieser Aussichtsterrasse herrliche Sicht auf die gegenüberliegenden Walliser Alpen und hinunter ins Rhônetal hat, versteht sich fast von selbst; eindrucksvoll sind dazu auch die Blicke von Pfarschong in den Talkessel von Leukerbad mit den umgebenden Gipfeln.

Talort: Varen, 760 m; aussichtsreich über dem Rhônetal gelegener Weinbauort im Übergangsbereich vom Ober- ins Unterwallis. Busverbindung mit Sierre und Leuk.
Ausgangspunkt: Sperrschild der Alpstraße oberhalb der Feuerstelle im Varnerwald, ca. 1530 m; zu Fuß gut 2 Std. – dann wird das Ganze eine recht lange und anstrengende Wanderung! Mit dem eigenen Pkw fährt man von Varen in Richtung Leukerbad-Rumeling. Direkt hinter der oberen Kehre bei den letzten Häusern zweigt eine Straße nach links (Richtung Taschuniere) ab; dieser anfangs asphaltierten, dann mit Naturbelag versehenen Straße folgt man in mehreren Kehren bis zum Sperrschild.
Höhenunterschied: 700 m.
Anforderungen: Einfache Bergwanderung auf guten Wegen.
Einkehr: Restaurants in Varen, sonst keine Einkehrmöglichkeit.

An der **Kehre (1)** der Straße von Varen hat man einen ersten schönen Blick ins Dalatal und nach Leukerbad, hier muss auch das Fahrzeug abgestellt werden. Man kann nun dem Fahrweg folgen, abwechslungsreicher gestaltet sich jedoch der schmale Pfad, der über die freie Fläche gerade hinaufführt, an einer Kehre des Fahrwegs vorbeikommt und diesen in der Folge mehrere Male kreuzt, ehe er die Alpfläche **Pfarschong (2)** mit kleiner Kapelle und einigen Hütten erreicht. Hier zweigt übrigens ein schöner Höhenweg nach

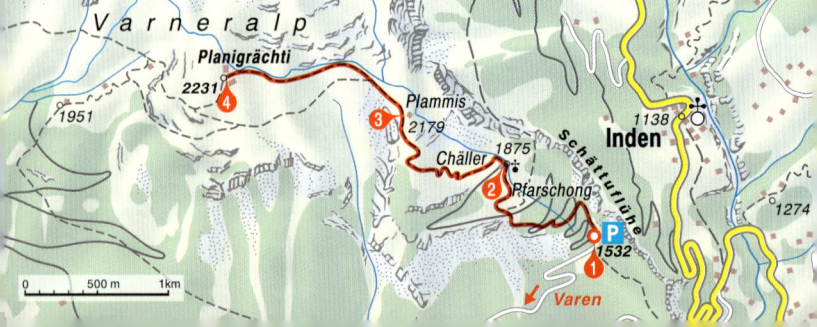

Die Kapelle Pfarschong auf halbem Anstieg zur Varneralp.

Leukerbad hoch über dem Dalatal ab. An der obersten Hütte führt der Weiterweg über das von Schrofen durchsetzte karge Alpgelände, jetzt mit freier Sicht in die Walliser Alpen und ins Rhônetal hinab. Schräg zieht der Weg die Flanke hinauf und erreicht an einer Abbruchkante des Bergsturzes die große Terrasse der Varneralp bei **Plammis (3)**. Auch hier entdeckt man wieder eine Wasserleitung, welche die Alpfläche quert und das Wasser in den Bereich unseres Aufstiegsgeländes leitet. Man sollte unbedingt noch in etwa 20 Min. zum Alpgebäude **Planigrächti (4)** wandern, einem besonders schönen Aussichtsplätzchen hoch über dem Rhônetal. Die **Rückkehr** erfolgt auf dem Anstiegsweg.

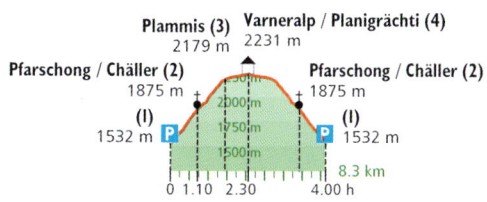

171

Stichwortverzeichnis

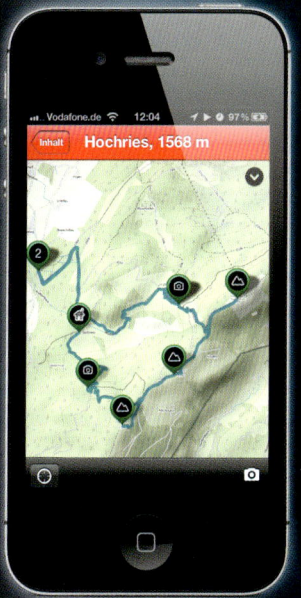

Umschlagbild:
Blick von Burg, 1948 m (oberhalb von Fieschertal), nach Norden
auf das Klein Wannenhorn, 3706 m. Rechts in der Tiefe der
Fieschergletscher (Foto: Hans Steinbichler).

Bild im Innentitel:
Unterwegs über dem Aletschgletscher (Tour 12; Foto: Michael Waeber).

Alle 104 Fotos stammen von den Autoren.

Kartografie:
51 Wanderkärtchen im Maßstab 1:50.000, 1:75.000 und 1:100.000
(gezeichnet von Gerhard Tourneau, München)
© Bergverlag Rother GmbH
Zwei Übersichtskarten im Maßstab 1:500.000 und 1:800.000
© Freytag & Berndt, Wien

Die Ausarbeitung aller in diesem Führer beschriebenen Wanderungen
erfolgte nach bestem Wissen und Gewissen der Autoren.
Die Benützung dieses Führers geschieht auf eigenes Risiko.
Soweit gesetzlich zulässig, wird eine Haftung für etwaige Unfälle
und Schäden jeder Art aus keinem Rechtsgrund übernommen.

6., aktualisierte Auflage 2013
© Bergverlag Rother GmbH, München

ISBN 978-3-7633-4127-6

Wir freuen uns über jeden Korrekturhinweis zu diesem Wanderführer!
BERGVERLAG ROTHER · München
D-82041 Oberhaching · Keltenring 17 · Tel. (089) 608669-0
Internet www.rother.de · **E-Mail** leserzuschrift@rother.de